KB010860

Dante Alighieri

La Vita Nuova

새로운 삶

1판 1쇄 발행 2019년 5월 17일

지은이 | 단테 알리기에리
옮긴이 | 염승섭
발행인 | 신현부

발행처 | 부북스
주소 | 04601 서울시 중구 동호로17길 256-15 (신당동)
전화 | 02-2235-6041
팩스 | 02-2253-6042
이메일 | boobooks@naver.com

ISBN 979-11-86998-77-9 (04080)
      978-89-93785-07-4 (세트)

이 도서의 국립중앙도서관 출판예정도서목록(CIP)은 서지정보유통지원시스템 홈페
이지(http://seoji.nl.go.kr)와 국가자료종합목록시스템(http://www.nl.go.kr/
kolisnet)에서 이용하실 수 있습니다. (CIP제어번호 : CIP2019017577)

부클래식

077

———

새로운 삶

단테 알리기에리

염승섭 옮김

차례

머리말

단테 알리기에리(Dante Alighieri 1265~1321)는 13세기 말과 14세기 초를 숨 가쁘게 살아간 시인이자 철학자, 정치인이었다. 소(小) 귀족 출신인 부친은 피렌체(Firenze)에서 대금업자(貸金業者)로 활동하였고, 시외(市外)에 얼마간의 땅을 소유하여서 1283년 경 부친이 사망한 후에도, 단테는 땅에서 나오는 임대료 덕택에 노동하지 않으며 생활할 수 있었다. 모친은 단테가 다섯 살 때 타계하였다. 1274년 5월 1일, 단테는 아홉 살에 아버지와 함께 이웃에 거주하는 부유한 은행가 포르티나리(Portinari) 댁에 갔을 때, 베아트리체(Beatrice)를 처음 보았다고 한다. 단테는 그녀에게서 매우 강한 인상을 받았다. 그는 그녀를 남몰래 연모(戀慕)해 오다가 9년 후에 다시 길에서 만나게 되었다. 베아트리체는 자신보다 나이가 훨씬 많은 두 명의 여인과 동행하였는데 그에게 인사를 건네었다고 한다. 그러니까 단테가 베아트리체와 인사를 나누며 만난 것은 평생 두 번뿐이었다. 물론 그는 두 번째 인사를 나눈 후에 그녀를 다시 만나기 위해 그녀가 다닐 법한 길에서 서성거리기도 했지만, 인사를 나누는 기회는 다시는 오지 않았다. 그 당시에 숙녀에게 구애하는 방법은, 그녀를 사모하는 내용의 시를 써서 공표하는 것이어서, 단테는 그런 연모의 시들을 썼다. 그런데 베아트리체에 대한 자신의 연정(戀情)을 공개적으로 표명하는 것이 그녀에게 누(累)가 될까봐 두려워, 다른 숙녀를 대리로 내세웠는데 그런 소문이 나도는 것은 방치했다. 그래서 그 여인은 '방패막이 여인 la bella difesa'으로 불리어졌다. 그 결과, 어떤 여인이 단테로 인해 귀찮은 일을 겪고 있다는 소문이 베아트리체의 귀에 들어갔다. 그때부터 베아트리체는 단테에게 인사하기를 거절했다. 또한 여러 사람들이 모인 공개 석상에서 만나는 일이 있다 해도 그녀는 그를 무시했다. 단테는 그로 인해 엄청난 고통을 겪었다. 1285년경에 단테는 인맥(人脈)이 좋은 젬마 도나티(Gemma Donati)와 결혼했고, 같은 해에 베아트리체도 부친의 사망을 전후해서 은행가 시모네 데이 바르디(Simone dei Bardi)와 결혼했다. 이런 와중에도 단테는 베아트리체에 대한 연정(戀情)을 저버리지 않고 그것을 더욱더 승화시켰다. 그는 베아트리체를 기억하며 틈틈이 시를 썼다. 그녀가 1290년 타계하자, 1292~94에 걸쳐 그 시들에 사연을 붙여, 산문과 시로 구성된 《새로운 삶 La Vita Nuova》을 작성하였다. 이 소품(小品)은 약 280년이 지난 후, 1576년에야 비로서 단테의 고향 도시 피렌체에서 책으로 처음 인쇄되어 출판되었다.

단테가 지성적(intelligenza), 서정적(lirica), 그리고 구원적(salute) 노선을 추구하게 된 배경에는 그 당시 이탈리아반도에 확고히 자리잡은 새로운 물결에 힘입은 바가 크다. '예의바른 사랑 courtly love'을 찬미하는 시가(詩歌)들은, 아랍 문화권으로부터 강한 영향을 받고 있던 스페인의 안달루시아 지방부터 프랑스 남부 즉 프로방스까지 유입되었고, 더 나아가 시칠리아 섬과 토스카나 지방까지 전파되었다. 여러 번의 십자군의 원정(遠征)으로부터 아랍 문물—특히 향수는 마르세유에서 인기가 높았다—이, 유럽에 많이 유입되었다. 그중에는 '귀부인'에 대한 숭상 풍조와 그것을 반영하는 연가(戀歌)도 있었다. 이러한 것들이 안달루시아와 프로방스에 영향을 미쳐 '음유(吟遊)시인들(troubadours)'—미(美)를 찬양하는, 발견하는 (trouver) 자들—의 출현을 견인하는 동기가 되었다. 이러한 풍조는 처음에는 귀족층에서 시작하였으나 점차로 서민층으로 확산되어 많은 유랑 가인(歌人)들을 배출하였다. 이들은 연인(戀人)에 대한 구애(求愛)의 방법으로 시(詩)를 지어 읊으며 음악을 곁들였는데, 이것은 새로운 풍조였다. 그 당시 남녀 관계는 가족이 주선한 결혼 이외에는 생각할 수 없었다. 그 틀을 벗어나 사랑의 자유로움과 고귀함을 노래한다는 것은 파격적이었다. 또한 교회의 법도(法度)에는 남존여비 사상이 깔려 있어서, 숙녀의 미(美)를 고양(高揚)한다는 것은 교회의 취향에 맞지 않았다. 프로방스에서 정치적 탄압을 받은 많은 유랑가인들은 이탈리아를 비롯한 유럽 각지로 흩어져 자신들의 생업을 유지하였다. 단테 자신도 프로방스어 즉 프로방살(Provençal)로 쓰여진 그런 가요들을 익히 알고 있었다고 전해진다. 고대 로마제국의 언어가 라틴어인데, 보통 서민들 특히 여인들은 그것을 이해하지 못하여, 음유시인들은 여인들과의 소통을 위해 각 지방에 맞게 파생된 언어를 사용해야 했다. 특히 단테의 선배시인이며 친구인 구이도 카발칸티(Guido Cavalcanti)는 그것을 강력히 주창했고, 단테 자신도 그것에 동조하였다. 그도 그럴 것이, 토스카나 지방은 고대 로마제국의 심장부인 까닭에, 스페인이나 프랑스 지역에 비해, 지방어 발달이 칠팔십 년은 뒤져 있었다. 이를 감안할 때, 단테의 지방어 선택은 가(可)히 시기적절하다 하겠다. 또한 단테가 지칭한 '새 문체', 즉 '감미로운 새로운 문체 dolce stil nuovo'의 여러 선구자들이 있었는데, 그중에도 특히 볼로냐(Bologna) 출신인 구이도 구이니첼리(Guido Guinizzelli 1230-1276)는 새 문체의 전범(典範)으로 간주되었다. 이러한 새로운 문체에서 사랑은 지적(知的) 감수성의 대상이 되었고—단테의 시 〈사랑에 대해 섬세한 감각을 지니고 있는 숙녀들이여〉에서 나타난 바와 같이—성스러운 영역으로 이끄는 촉매가 되었다. 단테의 전 생애를 관찰해 볼 때, 필자의 견해로는, 《새로운 삶》에서 시도된 새로운 문학관과 인생관의 뒷받침이 없이는, 그의 대작 《신곡 La Divina Commedia》의 저술은 불가능했을 것이다. 또한 단테 없이는 많은 칸초네를 쓴 페트라르카(Petrarca 1304-74)와 《데카메론 Decameron》을 쓴 보카치오(Boccaccio 1313-75)의 등장은 쉽지 않았을 것이다. 이런 시각에서, 《새로운 삶》은 단테의 전 작품세계와, 더 나아가, 르네상스를 견인한 귀중한 작품이라고 사료된다.

단테는 1289년경부터 피렌체의 공화주의(共和主義)적 시정(市政)에 뛰어들어 친교황적 구엘프 당(Guelphs)에 속하였고, 그 당시 적대 세력인 친황제적 기벨린 당(Ghibellines)에 반대하였고, 1289년에는 캄팔디노(Campaldino) 전투에도 참여하였다. 그 후 피렌체를 장악한 구엘프 당은 다시 '백색파 Bianchi'와 '흑색파 Neri'로 갈리었는데, 단테는 그의 인생 지도자격인 현명한 시인, 구이도 카발칸티와 더불어 우유부단한 교회의 영향보다는 강한 통치를 위해서 기벨린 노선(路線)에 기우는 백색파에 속하였다.

1301년 가을에 단테는 피렌체 시정(市政)의 임무를 띠고 외교 사절의 일원으로 로마에 와 있었다. 피렌체 시의 정치적 상황은 최악의 사태로 치닫고 있었다. 교황 보니파치오 8세는 단테 알리기에리를 적으로 간주하여, 알현이 끝난 후에 다른 일행들에게는 귀환을 허가했지만, 단테만은 억류하였다. 이 때부터 단테의 망명생활은 시작되었다. 1302년 피렌체를 장악한 흑색파에 의해 그의 모든 재산은 몰수당하고, 단테는 화형(火刑)에 처하는 사형 언도를 받았다. 그리하여 그는 1321년 타계할 때까지, 귀족들의 보호 아래 귀족 가문들을 전전하며 집필활동을 계속하여, 무엇보다 그의 대작《신곡》을 끝낼 수 있었다.

끝으로, 본 번역의 대본으로는 이탈리아판인 Dante Alighieri, *Vita Nuova*. 2018 Latorre Editore, Italy를 사용했음을 밝혀 둔다. 그리고 단테 시문학의 가치, 특히 두 칸초네 형식과 그의 가장 유명한 칸초네를 보다 낫게 이해하는 데 도움이 될듯하여 원문을 삽입했고, 또 원문에 관심 있는 독자를 위해 난해한 어휘에 대해선 각주를 붙였음을 밝혀 둔다.

옮긴이 염승섭

2019년 2월 휴스턴에서

I

나의 '추억의 책', 별로 읽을 만한 것이 없는 시점(時點)과 경계(境界)하는 앞쪽 부분에, **새로운**[01] **삶이 시작된다**, 라는 표제가 있다. 나의 의도는 이 표제 밑에 적혀 있는 말들을 다는 아니더라도 적어도 요지(要旨)만큼은 이 작은 책에 옮겨 적고자 하는 것이다.

II

나의 출생 이후 아홉 번째 벌써 저 빛의 하늘[02]은 자체

---

01   원 제목 'La Vita Nuova 새로운 삶'에서 'nuova'는 라틴어 'nova 새로운, 젊은'에서 유래하여, '젊은, 싱싱한'의 의미가 있다고도 생각되나, 단테의 전체적 시적(詩的) 구상(構想)에서 어떤 새로운 전기(轉機)를 시사(示唆)한다고 사료됨.

02   중세 천문학에 따르면 아홉 하늘들의 네 번째가 태양계이고, 그 중심에 있는 태양을 가리킨다. 한 회전이 1년임. 지구 중심적인 프톨레마이오스(Ptolemaeos) 천동설에서는 첫 번째 천계가 달이고, 이어서 수성, 금성, 태양, 화성, 목성, 토성, 항성들, 제일(第一) 동력(Primum Mobile)에 이어 마지막 천계는 신(神)이 거하

적 회전을 거듭하여 거의 동일한 지점에 되돌아왔을 무렵, 내 눈앞에, 처음으로 내 마음을 사로잡은, 그 숙녀가 나타났는데, 그녀의 이름을 올바로 알지 못한 사람들은 그녀를 그냥 베아트리체[03]라 불렀다. 그녀는 그녀의 시간으로 치면 그 항성(恒星)들의 하늘[04]이 일도(一度)[05]의 십이분지일을 동쪽으로 움직인 만큼의 시간을 이 지상에서 살았던 것이니, 그녀가 나에게 나타났을 때, 그녀는 거의 아홉 살 초반이었고, 나는 그녀를 내 나이 아홉 살 후반이 되어서 보았던 것이다. 그녀는 매우 다정다감한 연령대에 걸맞게 곱게 허리띠를 두르고 겸허하고 정숙한, 매우 고귀한 진홍빛 의상(衣裳)을 입고 나타났다. 바로 그 순간, 확실히, 심장의 가장 깊은 밀실에 거(居)하는 그 발랄한 정신이 그처럼 강력히 떨기 시작하더니, 내 혈관들의 아주 미미한 고동(鼓動) 속에서도 어처구니없을 정도로 분명히, 그것은 떨면서 실토(實吐)하였다. "나보다 더 강한 저 신(神)을 보아라, 그는 내게 다가와 나를 정복할 것이다."[06] 그 순간에, 모

는 '최고천'(最高天 empyrean)임.

03 원문의 'Beatrice'는 라틴어 'beata 행복한, 풍요로운'의 뜻에서 '행복을 실어 다주는 여인'의 뜻을 함유하고 있다고 사료됨.

04 제팔 천국(第八天國)이라 간주되었음.

05 항성들은 일(一) 세기(世紀)에 일도씩 움직인다고 간주되었으니까, 십이분지 일(1/12)을 산 베아트리체는 여덟 살이 조금 넘었다는 뜻.

06 라틴어에 달통했던 단테는 중요한 구절을 라틴어로 표시했다. 라틴어 본문. "Ecce deus fortior me, qui veniens dominabitur michi."

든 감각적 정기(精氣)들이 감지(感知)한 바를 전달받는 높은 방에 거하는 활기 찬 정신[07]이 크게 경탄하기 시작하며, 특히 시력(視力)의 정기들에 이렇게 말을 꺼내며, 이야기했다. "그대들의 지복(至福)은 이미 나타났노라."[08] 그 순간에, 우리의 영양(營養)이 흡수되는 기관(器官)[09]에 거하는 자연적 정신은 흐느껴 울기 시작한 후, 눈물을 흘리며 이렇게 말을 했다. "아아 슬프도다, 나는 이제부터 계속 방해를 자주 받게 될 것이다!" 그때부터, 정녕, 사랑의 신은 인생 초기 순식간에 그에게 헌신한 내 영혼을 압제하였고, 그리하여 나의 상상력이 그에게 내어준 힘(권력)으로 인(因)해, 그는 나에 대해 그와 같은 확약을 받아 군림하기 시작했기 때문에, 그의 모든 소망들을 완전히 충족시켜줄 수밖에 없었다. 그는 여러 번 나에게 아주 청신(淸新)한 천사를 보는 시도(試圖)를 하도록 명하였다. 그래서 나는 소년다운 기분으로 그녀를 찾아 발걸음을 자주 내딛었고, 그녀가 그처럼 고귀하고 갸륵한 품행을 지니고 있음을 알고 있었기에, 시인 호메로스의 다음과 같은 말이 그녀에게 적용될법 하였다. "그녀는 인간의 딸이 아니라, 신의 딸같이 보였도

---

07 지적(知的) 두뇌를 일컬음. 단테는 알베르투스 마그누스(Albertus Magnus)의 지론에 따라 세 가지 생리 기능을 지닌 세 정기(spirito 精氣)를 언급하고 있는데, 셋 모두 영혼에 의해 지배된다고 함.

08 원문의 라틴어. "Apparuit iam beatitudo vestra."

09 간을 일컬음.

다."[10] 그리고 내 곁을 떠나지 않았던 그녀의 모습이 나를 지배하기 위한 사랑의 여신의 자신만만한 책략이었다고 해도, 그것은 너무나 고귀한 힘을 지니고 있어서 유익한 조언(助言)이 필요할 사안(事案)들에 있어서는 이성(理性)의 충직한 조언이 결여되는 법이 없었다. 그리고 그처럼 새파랗게 젊은 시절[11]의 열정들과 행동들에 오래 머무는 것은 어떤 우화(寓話)들을 재탕하는 듯이 보이기 때문에, 나는 이 주제(主題)를 생략할 것이다. 그리고 이런 말들의 원천이 되는 원문으로부터 추려될 수 있는 여러 가지 것들을 생략하고, 나의 기억 속 훨씬 더 중요한 표제들 아래 적혀 있는 말들에 도달할 것이다.

Ⅲ

그렇게 많은 날들이 흘러간 후, 앞서 언급한 지극히 고

---

10 《일리아스》XXIV, 258을 볼 것. 원문에는 이탈리아어로 되어 있음. "Ella non parea figliula d'uomo mortale, ma di deo." 단테는 희랍어를 몰랐다 하고, 당시에는 호메로스의 라틴어 번역이 아직 이루어지지 않았다고 함.

11 원문의 'gioventudine 앳된 젊은 시절'에서 그 표현은 'gioventù 청춘기'란 단어에 축소형 어미를 붙인 것으로 어느 한 개인을 암시하기 보다는 일반적 진단으로 사료됨.

매한 소녀의 출현이 있은 지 꼭 9년[12]이 지나는 시점, 그 마지막 날에 눈부시게 흰 가운을 걸치고 그녀보다 더 나이 들어 보이는 당당한 두 숙녀 사이에서 걷고 있는 이 경이로운 숙녀가 내게 나타났다. 그녀는 거리를 내려가다가, 내가 숨죽이며 떨고 서있는 곳을 향해 시선을 돌리며, 말할 수 없이 정중한 태도 - 그것은 이제 영생으로 보상받고 있다 - 로, 내게 아주 고결한 인사를 건넸는데, 나는 그때 지복(至福)함의 모든 국면을 바라보는 듯한 느낌이었다. 그녀의 지극히 감미로운 인사(人事)가 내게 도달한 시각(時刻)은 정확히 그날 제9시(時)[13]였다. 그 순간이 그녀의 말이 내 귀에 와 닿았던 건 처음이어서, 나는 그처럼 기쁨에 넘친 나머지, 마치 무엇에 취한 듯이, 함께 있던 사람들과 헤어져 내 방의 어느 고적한 곳으로 들어가 자리를 잘 잡고 앉아 지극히 정중한 그 숙녀에 대해 숙고하였다. 그리고 그녀를 생각하면서, 나는 온화한 잠에 빠져 들었는데, 거기서 어떤 경이로운 환영(幻影)이 내게 나타났다. 내 방에서는 어떤 화염 같은 빛깔의 구름이 그리고 그 안에는 보기에 섬뜩한 느낌을 주는 어떤 남자의 형태가 보이는 듯하였다. 그럼에도 그는 즐거워 보였기 때문에, 그 자체로 경이로운 한 장면

---

12 이 작품세계에서 중요한 사물들은 삼위일체를 암시하는 숫자 3의 배합으로 정리되고 있음에 유의(留意)할 것. 예컨대, 낮 시간은 아침 6시부터 저녁 6시까지이고, 또한 9의 숫자가 도처에서 등장함.

13 교회법에 따른 제9시는 오후 3시를 가리킴.

이었다. 그가 많은 것을 말하였고, 나는 그중 일부만 이해하였다. "내가 그대의 주인이로다."[14] 나는 그의 팔에서 자고 있는 여인을 보았던 것 같다. 그녀는, 한 겹의 주홍빛 천으로 헐겁게 감싸여 있긴 했지만, 나체였다. 그녀를 아주 가까이서 바라보니, 나는 그녀가 전날 겸손한 인사를, 축복에 찬 인사를 건네준 바로 그 숙녀임을 알아차렸다. 그리고 나는 그 남자가 한 손에는 불붙어 있는 어떤 것을 쥐고, 다음과 같이 내게 말했던 것 같다. "그대의 심장을 보아라."[15] 그리고 그가 얼마동안 거기 그렇게 있었을까, 나는 그가 잠자고 있는 여인을 흔들어 깨웠던 것 같다. 그런 다음 그는 교묘하게 그녀로 하여금 그의 손에 불타고 있는 그 물체를 먹도록 유도했는데, 그녀는 주저하며 마지못해 그것을 먹었다. 그러고 나서 얼마 안 있어 그의 기쁨은 아주 씁쓸한 흐느낌으로 변하였다. 그리고 그는 그처럼 울면서, 여인을 팔에 안고, 그녀와 함께 하늘을 향해 솟구쳐 올라갔다. 이것은 내게 너무나 큰 괴로움을 안겨주어서, 나는 가벼운 잠을 지속할 수가 없었다, 잠은 깨어졌고 나는 깨어났다. 곧 나는 생각하기 시작하여, 그 환영(幻影)이 내게 나타난 시각이 밤의 네 번째 시간[16]이었다는 것을 깨달았다. 그러니까 밤 시간의 남아있는 아홉 시간들 중 첫 번째 시간이었음

---

14 라틴어 원문. "Ego dominus tuus."

15 라틴어 원문. "Vide cor tuum."

16 밤 시간은 저녁 6시에 시작하니까 네 번째 시간은 오후 9 - 10시 사이가 됨.

이 아주 분명해진 것이다. 나에게 나타났던 그 환영에 대해 곰곰이 생각하면서, 나는 그 당시 유명한 많은 시인들[17]에게 그것을 전달해야겠다고 마음을 먹었다. 그리고 최근에 내가 이미 나 자신 속에서 말들을 운문으로 옮겨놓는 기술(技術)을 배웠던 만큼, 나는 사랑의 신의 충실한 하인들 모두에게 인사를 건네는 한 편의 소네트를 짓기로 했다. 그리하여 그들에게 나의 환영(幻影)에 대해 판단해 줄 것을 청하면서, 나는 그들에게 내가 나의 선잠에서 무엇을 보았었는지를 적어 보냈다. 그리고 나는 그 다음으로 이 소네트[18]를 쓰기 시작했고, 그것은 "사로잡힌 모든 영혼"으로 시작한다.

사로잡힌 모든 영혼과 진정으로 사랑하는 심성(心性)에게
그들의 주인인 **사랑**[19]의 이름으로 인사를 드리는 바,
그들의 면전에 현재의 말들이 당도하여 다시
그들이 내게 그들의 견해를 알려오게 함이어라.
모든 별이 빛나는 때, 그 밤
시간들의 거의 삼분지 일이 지나갔을 때,

---

17 '유명한 시인들'은 그 당시에 사랑의 문제들을 시구(詩句)로 토론하곤 했던 서정시인들.

18 이탈리아의 음유(吟遊)시인들이 소네트 형식을 창안했지만, 그 당시에 유행한 'courtly love 궁중 예법에 맞는 고상한 연가(戀歌)'의 전통에 따라 어느 시인의 'proposta 제안시'에 응답하는 'riposta 대응시', 이 두 시가 'tenzone 문학 논전(論戰)'을 이루었다고 함.

19 'Amore 사랑'은 강력한 군주로, 시인들은 그에게 봉사하는 신하들로 간주됨.

사랑은 내게 갑자기 나타났던 바,

그 모습의 기억은 나를 무섭게 하였도다.

사랑은 내게, 그의 손에 나의 심장을 쥔 채,

즐겁게 보였고, 그의 팔에는, 옷에 감싸인 채,

잠들어 있는 나의 숙녀를 안고 있었도다.

그때 그는 그녀를 깨웠고, 그 불타는 심장의 일부를

두려움 속에서[20] 그녀는 겸허히 먹었도다.

조금 지나 나는 그가 눈물을 흘리며 떠나는 것을 보았다.

A ciascun'alma presa e gentil core

 nel cui cospetto ven lo dir presente,

 in ciò che mi rescrivan suo parvente

 salute in lor segnor, cioè Amore.

 Già eran quasi che atterzate l'ore

 del tempo che onne stella n'è lucente,

 quando m'apparve Amor subitamente,

 cui essenza membrar mi dà orrore.

Allegro mi sembrava Amor tenendo

---

20 원문에 'paventos'로 나와 있는데, 이 단어는 현대 이탈리아어로서는 설명이
안 되는바, 그것은 라틴어 'pavere(무서움에) 떨다'의 현재분사 'pavens'가 이탈
리아 지방어가 된 것임. 단테가 사용하고 있는 토스카나 지방어는 아직 표준어가
되지 못한 상태여서, 단테는 지방어의 상당 부분을 라틴어에 의존하고 있음.

meo core in mano, e ne le braccia avea

madonna involta in un drappo dormendo.

Poi la svegliava, e d'esto core ardendo

lei paventosa umilmente pascea.

appresso gir lo ne vedea piagendo.[21]

이 소네트는 두 부분으로 나뉘어 있다. 첫째 부분에서 나는 인사를 보내며 응답을 요청하고 있고, 둘째 부분에서, 나는 무엇에 대해 응답할 것인지를 진술하고 있다. 둘째 부분은 "모든 별이" 하는 말로 시작한다.

이 소네트에 대해 많은 사람이 응답했는데, 그들의 견해는 서로 달랐다. 대답한 이들 중에는 내가 최고 친구라고 부르는 사람[22]도 있었는데, 그는 그때 다음과 같이 시작하는 소네트를 썼다. "내 견해로 그대는 모든 가치를 보았도다." 그리고 이것은, 그가 그것을 보낸 사람이 나라는 것을 알게 되었을 때, 우리 사이에 우정이 싹트는 계기가 되었다. 내가 언급한 꿈의 참된 의미는 그 당시에 그 누구에 의해서도 인지되지 못하였지만, 지금은 가장 단순한 독자들도 완벽하게 알아들을 정도로 쉽다.

---

21   이탈리아 소네트로 율격은 'iambic pentameter 약강 오보(五步)격'이고 abba/abba cdc/cdc 운율 구조가 본 소네트에 잘 들어나 있음.

22   구이도 카발칸티(Guido Cavalcanti)로 단테보다 10년 정도 연상인 시인.

IV

그 환영이 있은 다음부터 나의 자연적 정기(精氣)는 그 것의 기능 면에서 장애를 받기 시작하였다. 왜냐하면 내 영혼은 저 지극히 고귀한 숙녀에 관한 생각들로 꽉 들어차 있었기 때문이었다. 그래서 얼마 후에 나는 신체 면에서 너무나 나약하고 연약해졌으므로 내 몰골을 본 많은 친구들은 침통해하였다. 그런데 마음속으로 선망(羨望)을 하던 많은 사람들은 내가 사람들로부터 완전히 감추기를 원했던 나와 관련된 그것[23]을 알아내려고 벌써 무진 애를 쓰고 있었다. 그리고 나는, 그들이 나에 관해 행한 질문들의 나쁜 의도를 지레짐작하고, 이성(理性)의 충고에 따라 나를 지도하고 있었던 그 사랑의 의지에 의존하여, 나를 그런 양태로 지배하였던 힘은 바로 사랑이라고 대답하곤 하였다. 그것은 사랑이었다고 인정하였는데, 이유즉슨 나는 내 얼굴에 그처럼 많은 사랑의 징표들을 지니고 다녔기 때문에 그것들은 고의로 숨겨질 수가 없었다. 그리고 그들이 묻기를, "누구를 위해 그 사랑이 그대를 그토록 망쳐놓았는가?" 하였을 때, 나는 미소(微笑)를 지으며 그들을 바라볼 뿐 그들에게 어떤 말도 하지 않곤 하였다.

---

23 연인의 정체.

V

어느 날 지극히 정숙한 그 숙녀가 '영광의 여왕'[24]이 칭송되는 곳에 자리를 잡았고, 나는 나의 '희열'을 바라볼 수 있는 곳에 앉게 되었다. 우리 사이 직선상에 매우 외모가 출중한 규수가 앉아 있었는데, 그녀는 자기를 향한 듯한 줄기찬 나의 시선에 적이 놀라 나를 자주 응시하였다. 그렇게 해서 많은 사람들은 그녀의 응시(凝視)에 주목하였다. 그리고 이 사항은 너무나 많은 주목을 받았기에, 내가 이 장소를 떠나는 참에, 누가 내 등 뒤에서 말하는 소리를 들었다. "저 숙녀가 저 친구의 체질을 얼마나 망쳐놓고 있는지를 좀 보게!" 그녀의 이름이 지칭되었을 때, 나는 발언자가 지극히 고귀한 베아트리체에서 시작하여 내 눈에서 끝나는 직선, 바로 그 직선의 한가운데에 앉아 있었던 여인을 의미한다는 것을 깨달았다. 그때 나는, 그날 나의 비밀이 나의 시선에 의해 다른 이들에게 누설되지 않았다는 사실을 나 자신에게 다짐하며, 크게 안도의 숨을 쉬었다. 그리고 나는 단박에 진실을 숨기기 위한 칸막이로, 바로 그 규수를 이용해야겠다는 착상을 하게 되었다. 그리고 오래지 않아 나는 애정의 시위를 그처럼 여러 번 했기에 나에 대해 논의를 벌였던 대부분의 사람들은 내 비밀을 안다고 생각

24　성모 마리아.

하게 되었다. 나는 그 여인을 방패로 삼아 여러 해 하고도 여러 달 동안 나 자신을 감추었다. 그리고 다른 이들로 하여금 이것을 보다 확고히 믿게 하기 위하여 나는 몇 편의 짧은 시들을 그녀에게 바쳤는데, 그것들이 지극히 고결한 저 베아트리체와 관계하는 경우를 제외하고, 여기에 포함시킬 의도는 내게 없다. 그러니까 나는 그녀를 찬양하는 듯이 보이는 것들은 약간 언급하고 그 외는 모두 생략할 것이다.

VI

더 말하자면, 내 편에서 보면 그 여인은 내가 경험하고 있었던 그토록 큰 사랑을 감추는 칸막이이었던 그 시절에, 나는 지극히 고결한 숙녀의 이름 베아트리체를 동반하는 다른 많은 이름들과 함께, 특히 나와 관련지어졌던 그 규수의 이름을 포함하여, 기록해 놓고 싶은 욕망을 느꼈다. 이에 나는 저 높은 곳에 계신 주님이 나의 숙녀를 배치했던 도시에서 육십 명의 가장 아름다운 여인들의 이름들을 추렸고, 거기에 세르벤테제[25]의 형식으로 한 서간문을 작성하였는데, 여기에 그것

---

25 원문의 'serventese 풍자시 또는 풍자문'은 그 당시 프랑스의 남부 지방 프로방스에서 발달하여 이탈리아 동북부 지방에 산포되어 있던 풍자문학을 일컬으며,

을 복사하지는 않을 것이다. 내가 그것을 작성하고 있었을 때 일어났던 그 기이한 일을 진술하기 위해서가 아니었다면, 나는 그것을 언급하지도 않았을 것이다. 여인들의 이름을 배열함에 있어 나의 숙녀의 이름은 아홉 번째가 아니고는 달리 목록에 실리기를 거부했던 것이다.

VII

　나의 참된 편애(偏愛)들을 내가 그처럼 오랫동안 숨겨오는 데에 방패와 같은 역할을 해준 여인이 앞서 말한 도시를 떠나 아주 먼 어느 나라로 여행을 떠나야만 했다. 그래서 나는 나의 교묘한 연막을 상실하는 것에 대해 거의 낙담하게 되어, 내가 전에 그렇게 되리라고 믿었던 그 이상으로, 아주 풀이 죽어 있었다. 그리고, 그녀가 이 고장을 떠나는 것에 대해 내가 어떤 서글픈 언급을 하지 않게 되는 경우에, 사람들은 보다 쉽사리 나의 속임수를 간파하게 될 것이라고 생각하여, 나는 한 편의 소네트에서 그것을 어느 정도 애도(哀悼)할 것을 결심하여 그것을 작성하였고, 이 소네트의 어떤 구절들에는 나의 사

보편적으로 'sirventes'로 알려져 있음.

모(思慕)하는 숙녀가 그 직접적인 영감이었기에, 이러한 상황은 주의 깊은 독자들에게 분명히 들어날 것이다. 그런 다음 나는 이 소네트를 써 내려갔고, 그 시작은 다음과 같다. "오, 사랑의 길을 따라 걷고 있는 그대들이여."

오, **사랑**의 길을 따라 걷고 있는 그대들이여,

발길을 멈추고 둘러보오,

나만치 슬픔을 지고 가는 이가 또 있는가.

그리고 나는 그대들이 내 말을 들어주고

판단해 주기만을 청하오,

내가 모든 슬픔의 숙소이며 보관소가 아닌지.

사랑은, 내 속에 있는 작은 선(善)함 때문이 아니라

자기 자신의 고귀함을 통해,

나를 그처럼 감미롭고 온화한 삶 속에 던져 넣어,

나는 여러 번 내 등 뒤에서 사람들이 말하는 소리를 들었지요.

"신(神)이여 무슨 대단한 품격이 있다고

이 사람의 마음은 그런 우아한 기쁨을 누린단 말입니까?"

오, 이제 나는 사랑의 보물로부터 솟구쳐 오른

모든 자신감을 상실했고,

내가 진술하기를 꺼려할 정도로

곤궁한 상태에 빠져 있어요.

그리하여 그들의 결핍을 수치심으로 감추고 있는

그런 사람들을 모방하기를 원하면서,

나는 즐거운 낯을 하고 다니지만,

내 마음속에서는 애도하며 소모되고 있지요. [26]

O voi che per la via d'Amor passate

attendete e guardate

s'elli è dolore alcun, quanto 'l mio, grave.

e prego sol ch'audir mi sofferiate,

e poi imaginate

s'io son d'ogni tormento ostale e chiave.

Amor, non già per mia poca bontate,

ma per sua nobiltate,

mi pose in vita sì dolche e soave,

ch'io mi sentia dir dietro spesse fiate.

"Deo, per qual dignitate

così leggiadro questi lo core have?"

Or ho perduta tutta mia baldanza,

che si movea d'amoroso tesoro.

ond'io pover dimoro,

in guisa che di dir mi ven dottanza,

Sì che volendo far come coloro

che per vergogna celan lor mancanza,

di fuor mostro allegranza.

---

26 이 소네트는 시행이 겹쳐지는 경우(sonetto doppio)로서, 이 다음에 이어지는 소네트처럼, 소네트의 14행 구조에 짤막한 시구(詩句)들을 중간 중간에 넣은 형태임.

e dentro da lo core struggo e ploro.[27]

이 소네트에는 두 개의 주요 부분이 있다. 첫째 부분에서는 선지자 예레미야의 말을 빌려서—"길가는 모든 나그네들이여, 보라, 내가 겪은 이러한 슬픔이 어디에 또 있단 말인가!"—사랑의 사자들을 소환하는 것이 나의 의도이다.[28] 그리고 나는 그들이 내 말을 들어 주기를 간청한다. 둘째 부분에서 나는 **사랑**이 소네트의 처음과 끝에서 내 처지와는 아주 다른 위치에다 나를 던져 넣었다는 것을 말하고 있고, 이어서 내가 그것을 상실했다는 것을 진술한다. 둘째 부분은 이렇게 시작한다. "사랑은, 내 속에 있는 그 작은 선(善)함 때문이 아니고"

---

27 위의 소네트에서 '겹친 소네트'의 율격이 잘 드러나고, 이와 더불어 주목할 점은 단테의 이탈리아 지방어는 언어의 모체가 되는 라틴어를 이해하지 않고서는 정확한 판독이 불가능하다는 점이다. 한 가지 쉬운 예를 들자면 이 시에서 운(韻)의 한 쌍인 'nobilitate'와 'dignitate'에서 이들의 어형은 라틴어 'nobilitas'의 탈격 'nobilitate'와 'dignitas'의 탈격 'dignitate'가 그대로 활용되고 있고, 이 단어들은 이탈리아어 표준어에서는 'nobiltà'와 'dignità'로 정착되어 있다.

28 〈예레미야 애가〉 1. 12 . "길가는 모든 나그네들이여, /이 일이 그대들과는 관계가 없는가? /주님께서 분노하신 날에 /내리신 이 슬픔, /내가 겪은 이러한 슬픔이, /어디에 또 있단 말인가!"

　　이 귀부인이 떠난 후 천사들의 주군을 기쁘게 해 준 것
은 젊고 매우 멋들어진 용모의 한 여인을 그의 **영광**으로 부
른 일이었다. 그녀는 앞서 언급한 도시에서 아주 매력이 넘치
는 여인이었다. 나는 그녀를 몹시 불쌍히 여기며 애도하는 많
은 부인들[29] 가운데 그녀의 신체가 생명을 잃고 누워 있는 것
을 보았다. 그때 나는, 그녀가 전에 지극히 고귀한 숙녀를 동
반했던 일을 떠올리며, 몇 방울의 눈물을 흘리지 않을 수 없었
다. 실제로, 나는 울면서 그녀의 죽음에 관한 시(詩)를 쓰겠다
고 결심을 하였는데, 그것은 그녀가 여러 번 나의 숙녀와 함께
있었던 것에 대한 보상(補償) 차원에서였다. 그리고 나는 내가
쓴 시의 마지막 부분에서 그것을 암시하였는데, 주의 깊은 독
자들에게 분명히 드러날 것이다. 그리고 나는 그때 이 두 개의
소네트를 썼는데, 하나는 "울어라, 연인들이여"로 시작하고,
다른 하나는 "잔혹한 죽음"으로 시작한다.

　　　울어라, 연인들이여, 그대들은 **사랑**이 애도하는 원인을
　　　듣고 있고, **사랑**이 울고 있으니.
　　　그들의 눈에 괴로운 슬픔을 보이며,

29　그 당시 초상집에 가면 여자들은 여자들대로, 남자들대로 따로따로 모여 있
었다고 함.

자비[30]를 외치는 여인들의 소리를 **사랑**은 듣는다.

정녕, 잔혹한 **죽음**은 한 고상한 여인에게

그의 거친 손을 갖다 대었고, 명예[31]를 제외하고는,

그런 고결한 여인이 지니고 있는 바,

이 세상에서 가장 칭찬받는 것을 다 망쳐놓았도다.

사랑이 그녀에게 얼마나 영예[32]를 베풀었는가를 들어보게,

정녕, 나는 그가 진정한 모습으로 그 매력적인

죽은 여인의 모습을 애도하는 것을 보았도다.

그는 자주 하늘을 향해 올려다보고 있었은즉,

거기에는 그 고귀한 여인이 이미 자리 잡고 있었도다.

그녀는 그처럼 명랑한 외모를 지닌 여인이었어라.

이 첫 번째 소네트는 세 부분으로 나뉘어져 있다. 첫 번째 부분에서, 나는 사랑의 열성가들을 소환하여, 그들의 주군(主君)이 울고 있다고 말하면서, 그들을 일깨워 울게 한다. 그리고 내가 "그대들은 사랑이 애도하는 원인을 듣고 있고"라고 말함에 따라, 그들은 내 말을 더 잘 알아듣고자 할 것이다. 두 번째 부분에서, 나는 그 원인을 말하고 있다. 세 번째 부분

---

30   원문에 '사랑 Amor', '죽음 Morte'의 경우와 마찬가지로 '동정(同情), 자비 Pietà' 또한 의인화(擬人化) 되어 있는데, 그것은 '가여워라!' 하고 소리쳤다는 의미.

31   그녀의 정숙함에 대해 남자들이 마음속에 품고 있는 존경심.

32   원문에 'orranza 영예'는 현대 이탈리아어에서 'onoranze' 복수형 명사로 쓰이는데, 여기서는 지방어의 자음 변화와 더불어 단수 형태임.

에서, 나는 사랑이 그 숙녀에게 표한 어떤 존경에 관해 말하고 있다. 둘째 부분은 "사랑은 듣는다," 하고, 셋째 부분은 "들어 보게" 하고 시작한다.

잔혹한 **죽음**이여, 동정의 적대자이고,

고대로부터 슬픔의 어머니이고,

면할 길 없는 짐이며 선고(宣告)자여,

그대가 나의 비통한 심정에 안건(案件)을 주었는바,

나는 사색에 잠겨 걸어 다니고,

나의 혀는 그대를 질책함에 지쳐버리도다.

만약 내가 그대로 하여금 용서를 간청하기를 원한다면,

모든 악행의 죄를 진 그대의 범죄를

언급하기만 하면 되겠고, 그렇게 해서

그것은 다른 이들로부터 숨겨지지 않게 되겠지만,

그보다는 오히려 그에 앞서 사랑에 의해 양육되어질

그들이 그것에 분노하게 하려함이로다.

이 세계로부터 그대는 예의와 또

여인에게서 고결하게 칭찬될 만한 것을 단절하였도다.

명랑한 청춘 속에 담겨 있는 저

사랑스러운 매력을 그대는 파괴하였도다.

나는 이 여인이 누구인지, 그녀의 잘 알려진 특징을

제외하고는, 더 이상 밝히기를 원하지 않도다.

그녀로부터 인사를 받을 자격이 없는 이들은 결코

그녀와의 동행을 향유하기를 희망하지 못하게 할 지어다.

이 소네트는 네 부분으로 나뉘어 있다. 첫째 부분에서, 나는 **죽음**을 그것에 합당한 이름들로 부르고 있다. 둘째 부분에서, 나는 **죽음**에 말을 건네며, 그것을 질책하는 나의 이유를 진술한다. 셋째 부분에서, 나는 그것을 심히 꾸짖는다. 넷째 부분에서, 나는 어떤 지정되지 않은 인물을 향해 말을 건네는데, 그렇다 해도 나는 어떤 특정 인물을 염두에 두고 있다. 둘째 부분은 "그대가 … 안건(案件)을 주었는바," 하고 시작하며, 셋째 부분은 "만약 내가 … 원한다면," 하고, 넷째 부분은 "그녀로부터 인사를 받을 자격이 없는 이들은' 하고 시작한다.

IX

그 숙녀가 타계한 지 며칠이 지나 어떤 일이 생겨서, 나는 앞서 말한 도시를 떠나 나의 연막 역할을 했던 여인이 거주하고 있던 곳의 방향으로 가야만 했는데, 내 여행의 목적지는 그곳만치 그렇게 멀지 않았다. 그런데, 겉보기에는 내게 많은 동행자들이 있었지만, 나의 희열(喜悅)을 뒤에 남겨두고 떠나는 것이었기에 기분이 매우 언짢았고, 끊임없이 한숨을 쉬곤 했지만, 마음속에서 느껴지는 고민을 덜기에는 역부족이었다. 그리하여 지극히 고귀한 그 숙녀의 힘을 통해 나를 다스려왔던 나의 가장 감미로운 군주는 나의 상상력 속에서 아주 허름하고 값싼 옷을 걸친 어느 순례자의 모습으로 나타났다. 그는 땅바닥을 내려다보며 당혹해 하는 것처럼 보였다. 때때로 고개를 쳐들고, 내 생각에, 그의 시선을 아주 맑게 흘러가는, 아름다운 한 강물에 머무르곤 했는데, 강은 내가 걷고 있던 도로를 따라 평행으로 치닫고 있었다. 사랑이 나를 부르며 다음과 같이 말했던 것 같다. "나는 오랫동안 그대의 연막 노릇을 해온 여인에게 갔다 오는 길이네, 내가 그녀를 위해 예비해 두었던 자네의 심장을 지금 갖고 있는데, 그녀가 그랬던 것처럼 그대의 방패막이 역할을 해줄 다른 어느 여인에게 그것을 전달할 참이네." 그리고 그는 내게 그녀의 이름을 대주었고, 나는 그녀가 누구인지 잘 알고 있었다. "그러나 그렇다 해도, 만약 내가 자네에게 일러준 말들 중 그 어느 하나라도 자네가 누설하게 된다면, 자네가 그 여인에게 보여주었던 가장된 사랑을 사람들이 식별해내지 못하게끔 말을 해야 하네, 그래야 새 여인에게도 그 수법을 써먹을 수 있으니까 말이네." 그리고 이런 말들이 들리고 나서, 내 앞에 나타났던 환영(幻影)은 순식간에 완전히 사라졌다. 눈에 띠게 내 마음속에 엄청난 사랑의 구체화가 일어났기 때문이었다. 그리하여 거의 변용(變容)된 외관을 하고 나는 그날 생각에 잠겨 많은 탄식을 쏟아 내며 말을 달렸다. 그 다음 날, 나는 그것에 관해 이 소네트를 쓰기 시작했고, 그것은 "요전 날 길을 따라 말을 타고 가면서"로 시작한다.

요전 날 길을 따라 말을 타고 가면서,

마음이 내키지 않았던 여행길에 관해 곰곰이 생각하는 중에,

길 한중간에서 **사랑**을 만났는데,

순례자의 허름한 옷차림을 하고 있었네.

그는, 마치 그의 통치권을 상실한 듯,

그의 모양새는 내게 비참해 보였네.

그는 생각에 잠겨 한숨을 쉬며 길을 따라 걷고 있었는데,

사람들 보기를 피하려는 듯 머리를 숙이고 있었네.

그가 나를 보자, 내 이름을 부르며

이렇게 말했네. "그대의 심장이 내가 원하는 곳에

위치했던 그 먼 고장에서 나는 왔네.

나는 나의 새로운 쾌락에 봉사하기 위해 그것을 갱신하고[33] 있네."

그때 나는 그의 상당 부분을 취했고.

따라서 그는 사라졌고, 나는 어찌 그리 되었는지를 몰랐네.

이 소네트는 세 부분을 지니고 있다. 첫째 부분에서 나는 어떻게 내가 사랑을 발견했고 또 그가 어떤 모습으로 내게 비쳤는지를 말하고 있다. 둘째 부분에서 나는 그가 내게 말한 바를 얘기하고 있는데, 그것이 완전할 수 없는 것은 나는 내 비밀을 너무 드러내는 것을 두려워하였기 때문이다. 셋째 부

---

33 단테는 라틴어 'recolo 다시 경작하다, 다시 재배하다, 재고하다'를 차용하고 있음.

분에서 나는 그가 어떻게 나의 시야에서 사라졌는지를 말하고 있다. 둘째 부분은 "그가 나를 보자"로, 셋째 부분은 "그때 나는 그의 상당 부분을 취했고"로 시작한다.

X

내가 돌아온 후, 나는 나의 주군이 탄식들의 도로에서 내게 지명(指名)하였던 그 여인을 찾아 나서기 시작하였다. 그리고 간단히 말해, 오래 걸리지 않아 나는 상당한 수준으로 그녀로 연막을 쳤기 때문에 많은 사람들이 정중함의 도를 훨씬 넘어 그것에 대해 논의하였다. 그래서 나는 이 문제와 관련하여 자주 무거운 생각이 들기도 했다. 그리고 이런 이유 – 나를 악명 높은 악한으로 만들고 있는 과도한 비난 – 로 인해, 모든 악덕의 파괴자이자 미덕들의 여왕인 지극히 고귀한 숙녀가 어느 장소를 걷고 있을 때, 나의 모든 지복이 걸려 있던 그녀의 지극히 감미로운 인사를 그녀는 나에게 거절하였다. 그리고 지금의 화제에서 조금 벗어나겠지만, 내가 좀 이해하였으면 하고 바라는 것은 그녀의 인사가 지닌 미덕의 힘이 내 마음 속에 어떤 변화를 일으켰는가 하는 것이다.

XI

그녀가 나타나는 곳은 언제 어디서나, 나는 경이로운 인사에 대한 기대감으로 어떤 적(敵)들도 마음속에 남겨놓지 않았다. 반대로, 나는 어떤 자애로운 감정의 불길에 휘말려서, 나의 감정을 상하게 했던 그 누구라도 용서하게 만들었다. 그리고 만약 어느 누가 그러한 때에 내게 무언가를 요구해 왔다면, 겸양으로 가득 찬 내 얼굴의 대답은 순전히 "사랑으로"였다. 그리고 그녀가 나에게 인사를 건네려 할 때마다, **사랑**의 정신이 다른 모든 감각적 정신들을 파멸시키고, 내 시력의 연약한 정신들을 몰아내며 그들에게 말하는 것이었다. "얼른 나가 그대들의 숙녀를 받들어라." 그리고는 **사랑**이 그들의 자리를 차지하곤 하였다. 그리고 **사랑**을 인식하기를 원하는 사람은 내 눈이 떨리고 있는 것을 봄으로써 그렇게 할 수 있었을 것이다. 그리고 지극히 고귀한 그녀가 인사를 베풀어 주었을 때, **사랑**은 감당키 어려운 나의 지복을 감소시킬 법한 중재자가 아니라, 오히려 감미로움의 충일로 너무나 강력하여서, 나의 육신은 그러한 때에 그의 통제를 받아 가끔 어떤 생명 없는 무거운 물체처럼 움직였다. 그리하여 명명백백한 것은 나의 지복의 본질은 그녀의 인사 속에 있었다는 것이고, 그러한 지복은 가끔 나의 감당 능력을 능가하고 위로 넘쳐흘렀다.

이제 그 주제로 되돌아와, 나는 계속 말하겠다. 나의 지복이 나에게 허락되지 않자, 나는 너무나 비참하게 느낀 나머지 지인(知人)들을 피해 쓰디쓴 눈물들로 땅을 적시고자 어느 고적한 장소로 갔다. 그리고 한바탕 울고 나니 좀 진정되는 것 같아, 차꼍하고 방에 들어앉아 밖으로 들리지 않고 애도할 수가 있었다. 그렇게 하여 그 예의의 숙녀[34]에게 은총을 구하고, "**사랑이여, 그대의 귀의자를 도와주오.**"[35]라고 말하고 나서, 마치 매를 맞은 어린 소년처럼 눈물이 범벅이 된 채 잠이 들었다. 잠의 중간쯤에, 나는 내 방에서 아주 흰 옷을 입은 청년이 내 옆자리에 앉아 있는 것을 본 것 같다. 그는, 생각에 잠긴 듯, 누워 있는 나를 바라보고 있었다. 그리고 나를 그렇게 잠시 바라보고 나더니. 내 생각에, 한숨을 쉬며 나를 부르며, 내게 다음과 같은 말을 했던 것 같다. "나의 아들아, 우리의 환영(simulacra)을 옆으로 밀어놓을 때가 되었다." 과거에 내가 잠을 자고 있을 때면 그가 나를 그런 식으로 자주 부르곤 했기 때문

---

34 원문에 'la donna de la cortesia 예의의 숙녀'로 나와 있는데, 문맥으로 보아 그 당시 번성하기 시작한 'amore cortese 귀부인에 대한 예의바른 사랑'의 표현으로 보는 것이 타당하다고 사료됨. 또한 그 전범(典範)으로는 '동정녀 마리아'를 지칭함.

35 이 장면은 단테보다 약 800년 전에 《철학의 위안 Consolatio Philosophiae》을 저술한 보에티우스(Boëthius)와 그의 대화 상대자인 '철학의 여신 Philosophia'과의 관계를 연상시킴.

에, 그때 나는 그를 안다고 생각했다. 내가 그를 다시 쳐다보니, 그는 동정어린 눈물을 흘리며, 나에게서 어떤 말이 나오기를 기다리는 것처럼 보였다. 그래서 나는 용기를 내어 그에게 이렇게 말을 건네기 시작했다. "모든 고귀함의 주군(主君)이시여, 왜 그대는 울고 계십니까?" 그러자 그는 내게 다음과 같이 대답했다. "나는 한 원의 고정된 중심부와 같다, 거기서부터 둘레의 모든 점들은 같은 거리(距離)에 있는 것이다. 그러나 그대는 그렇지가 않다."[36] 그때 나는 그의 말을 숙고하면서, 그가 나에게 애매모호하게 말했다고 느꼈다. 그리하여 나는 말을 하려고 애쓴 끝에, 그에게 이런 말을 건넸다. "선생님이시여, 그대는 내게 왜 그렇게 모호하게 말하시는 것인가요?" 그러자 그는 지방어로 전환하여 말했다. "그대에게 유용한 한도를 넘어서 묻지 말게." 그래서 나는 나에게 건네지지 않았던 유익한 인사에 관해 그에게 이야기하기 시작했고, 나는 그에게 그 이유를 캐물었다. 그것에 대한 대답은 이러했다. "우리의 베아트리체 부인이 탄식의 도로에서 내가 그대에게 지명한 그 여인이 그대의 시선으로 인해 피해를 보았다는 것을 그대에 관해서 토론하는 사람들한테서 들었네. 그리하여 화나는 일엔 질색인 지고하고 고귀한 숙녀가 자신의 몸을 낮추어가며 그대에게 인사를 건네지 않은 것인데, 그녀 자신이 화나

---

36 사랑의 신(神)은 중대 발언을 교양어인 라틴어로 말하고 있음. "Ego tanquam centrum circuli, cui simili modo se habent circumferentie partes. tu autem non sic."

는 일을 야기할까봐 두려웠던 것이네. 오랫동안 간직한 그대의 비밀이 부분적으로 그녀에게 참되게 알려져 있는 까닭에, 따라서 나는 그대가 어떤 시 하나를 쓰기 바라네, 그 시에는 그녀를 통해 내가 그대를 지배하는 위력을 그대는 인정하고, 또 그대가 소년 이후, 곧 바로 그녀의 것이었고 그 후 쭉 그래왔다고 말했으면 하네. 그리고 그것에 대한 증인으로 그것을 알고 있는 이를 소환하여 그와 같은 것을 그녀에게 말하도록 간청하는 것이네. 그러면, 증인인 내가 그것에 관해 그녀에게 즐겨 말할 것이네. 그렇게 함으로써 그녀는 그대의 참된 바람들을 감지할 것이고, 그것들을 감지한 후, 그녀는 그대를 거짓되이 말한 사람들의 보고들을 그것들의 가치에 맞게 합당하게 받아들일 걸세. 시를 쓰되 말들이 어떤 중재자 역할을 하도록 하게, 말하자면, 그대가 그녀에게 직접 말을 건네는 것은 온당치 않으니까, 그런 것은 안 된다는 말이네. 그리고 나의 관여 없이는 시를 그녀가, 그것을 들을 수 있을 법한, 어느 곳에도 보내지 말게, 또 필요할 때마다 내가 발견 되도록 감미로운 음악에 알맞게 공을 들이게." 그리고 이러한 말들을 하고 나서, 그는 사라졌고, 나의 잠은 깨어졌다. 나는 이런 기억을 더듬으며, 이 환영(幻影)이 내게 그날 제9시에 나타났음을 알게 되었다. 그리고 내가 그 방에서 나가기 전에, 나는 발라타(ballata)[37]

---

37 담시(譚詩)의 일종으로 음악에 맞추어져 작사되고 춤출 때 낭송되었다고 함.

형식으로 시 하나를 쓰기로 작정하였고, 그 안에다 나는 나의 주군의 명령들을 준수할 셈이었다. 그런 다음 나는 이 발라타를 썼는데, 그것은 "발라타여, 나는 그대가 **사랑**을" 하고 시작한다.

발라타여, 나는 그대가 **사랑**을 찾아내어
그와 함께 나의 숙녀가 있는 곳으로 가기를 원하네.
그리하여 그대가 노래하게 될 나의 변명을
나의 주군이 그녀와 함께 논의할 수 있게 말이지.

그대, 발라타여, 그처럼 정중히 걸어 나가니까,
동행자가 없이,
어디에 가더라도 자신만만할 테지,
그러나 그대가 안전하게 걸어가길 바란다면,
먼저 **사랑**을 찾아내라, 왜 그런가 하면,
그를 빼놓고 가는 것은 아마도 좋지 않으리,
그도 그럴 것이 그대의 노래를 들어 줄 숙녀는,
내가 믿건대, 나에게 화가 나 있다네.
만약 그대가 그와 동행하지 않는다면,
그녀는 손쉽게 그대를 푸대접할지도 모르네.

그와 동행하게 된다면, 감미로운 음악을 통해,
그녀의 동정(同情)을 청하고 나서,
이런 말로 시작하게.

"귀부인, 나를 당신께 보낸 사람이 바라는 바는,

그가 사과할 일이 있다면,

내가 그것에 대해 진술하는 바를 당신께서 들어주셨으면 하는 것이에요.

사랑은 당신의 미(美)를 통해 여기 와 있는데,

그를 임의대로 창백하게 만들곤 하죠.

그러니, 그의 마음은 변한 것이 없는데, 왜 그가

그로 하여금 다른 여인을 쳐다보게 했는지를 잘 생각해보세요."

그녀에게 말하게. "귀부인, 그의 마음은 지금껏

그처럼 확고히 충성을 다해왔기에

그의 온 마음은 당신에게 봉사하는 것에 쏠려 있어요.

그는 단번에 당신의 것이었고 한 번도 방황한 적이 없어요."

만약 그녀가 그대의 말을 믿지 않는다면,

진실을 알고 있는 **사랑**에게 물어보라고 그녀에게 말하게.

그리고 끝으로 그녀에게 겸허히 청하게,

나를 용서하는 것이 그녀에게 짜증스럽게 느껴지는 경우,

메신저를 통해, 내가 죽기를 명(命)해 달라고 말이네,

그렇게 되면 그녀는 그녀의 충성스러운 하인의 복종을 보게 될 걸세.

그리고 그대가 나의 숙녀에 봉사하기를 끝내기 전에,

모든 자비(慈悲)에 열쇠가 되는 그에게 말하게나.

"나의 온화하고 감미로운 선율에 대한 보상(報償)으로

여기 그녀와 함께 잠깐 머물러서,

그대가 그대의 하인에 관해 말하고 싶은 것을 말하게.

그리고 만약 그녀가 그대의 요청에 따라 그를 용서해준다면,

그녀의 상냥한 낯으로 하여금 그에게 평화를 선포하게 하라."

나의 우미(優美)한 발라타여, 이제 마음이 내킨다면,

이 발라타는 세 부분으로 나뉘어져 있다. 첫째 부분에
서, 나는 그것에게 어디로 갈 것인가를 말해 주고 있고, 그것
이 보다 많은 자신감을 가지고 가도록 그것을 격려해 주고 있
고, 또 그것이 어떤 위험도 겪지 않고 안전하게 가기를 소망한
다면, 누구와 동행을 추구할 것인지를 그에게 말해주고 있다.
셋째 부분에서, 나는 그에게 무슨 말을 선하면서, 그가 원하는
때 언제고 떠나도록 그에게 하락한다. 둘째 부분은 "그와 동
행하게 된다면, 감미로운 음악을 통해" 하고, 셋째는 "나의 우
미(優美)한 발라타여," 하고 시작한다.

어떤 이는 나에게 이의를 제기하며 내가 이인칭(二人稱)
으로 사용하는 말이 누구에게 건네진 것인지를 알지 못했다
고 말할지도 모른다. 그도 그럴 것이 담시(譚詩)인 발라타는 나
자신이 하는 말 이상도 이하도 아니기 때문이다. 그런 고로,
나는 이 불확실한 점을 이 작은 책의 한층 더 어려운 부분에서
해명하여 해결하려는 의도가 있었다고 말하겠다.[38] 그리고 그
때 가서 이 부분에 의아심을 품고 있거나 또는 위에서 말한 방
식으로 이의를 제기하기를 바라는 이가 그 설명이 여기에도
적용될 수 있다는 것을 이해시키도록 할 것이다.

---

38 본서의 제25장을 볼 것.

XIII

바로 위에 서술한 환영(幻影)이 지나가고, **사랑**이 내게 명한 대로 그 말을 이미 적고 난 후에, 여러 가지 서로 다른 생각들이 나를 공략하고 시험하기 시작했는데, 나는 그 하나하나에 거의 불가항력적이었다. 그중에도 네 가지 생각들이 내 마음의 평화를 저해하는 것 같았다. 그중의 하나는 이러했다. **사랑**의 지배는, 그의 열성(熱誠)가를 비근한 모든 것에서 주의(注意)를 딴 데로 돌리게 하기 때문에, 좋은 것이다. 둘째는 이러하였다. **사랑**의 지배는 좋을 수가 없는 것이, 사랑의 추종자가 그에게 훨씬 더 충성스러울수록 그가 겪어야 하는 경험들은 그만치 더 부담스럽고 서글퍼지기 때문이다. 세 번째 생각은 이러했다. **사랑**이라는 명칭은 귓가에 너무나 감미로운 고로 그의 개별적 행동들이 대부분의 경우에 감미롭지 않을 수 없다고 느끼기 때문이다. 대체로 명칭들은 그들이 지칭하는 사물들과 일치하기 때문이다. 그러기에 다음과 같은 명문(名文)이 있는 것이다. "명칭들은 사물들의 결과이다."[39] 네 번째 생각은 이러했다. 사랑이 그대를 그렇게 구속하고 있는 바의 장본인인 귀부인은 애정을 쉽게 바꿀 수 있는 다른 여인들과

---

39 원문의 라틴어. "Nomina sunt consequentia rerum." 이는 로마 민법에서 공통적인 교의(教義)로 간주되었음. 참조, 〈창세기〉 2.19. "그분이 살아 있는 동물 하나하나를 이르는 것이 그대로 동물들의 이름이 되었다."

는 다른 여인이다. 이런 생각들 하나하나가 나를 너무나 맹렬히 공략해 와서 나는 여행 중 어느 길을 가야할지 거의 모르는 사람처럼, 즉 계속 앞으로 나가기를 원하면서도 어떤 방향을 택해야할지 모르는 사람 같았다. 그리고 나는 그것들 모두에게 공통된 하나의 행로(行路) – 모든 것을 합치시킬 수 있는 어떤 것 – 를 찾고자 애쓸 때마다, 결국 그것은 나에게 적대적인 행로였고, 연민(憐憫)을 요청하는 그리고 나 자신을 그것의 품에 맡기는 행로였다. 그런 상태에 머물러 있으면서, 나는 그것에 관해 시 한 편 쓰고 싶은 욕망을 느꼈다. 그래서 나는 이 소네트를 썼는데, 그것은 다음과 같이 시작한다. "모든 나의 상념들은."

모든 나의 상념(想念)들은 **사랑**에 관해 말하고 있다.
그러나 그것들은 그들 사이에서 서로 무척 달라,
하나는 나로 하여금 사랑의 힘을 갈망하게 하고,
또 다른 하나는 사랑의 지배를 미쳤다고 선언하고,
또 다른 하나는 희망을 통해 감미로움을 가져다주고,
또 다른 하나는 나를 자주 흐느끼게 한다.
그것들은 내 심장을 움켜잡는 공포가 두려워 떨면서,
오직 연민을 요청하는 것에는 동의한다.

그래서 나는 어떤 주제를 써야 할지 모른다.
그리고 나는 말하기를 원하지만, 무엇을 말해야 할지 모른다.

사랑의 문제에 있어 나의 혼란은 그처럼 지대하도다![40]

그리고 내가 만약 그 모든 것을 조화시키고자 한다면,

나를 보호해 달라고 소환해야 할 대상(對象)은

나의 적, 숙녀 **연민**[41]이로다.

이 소네트는 네 부분으로 나뉠 수 있다. 첫째 부분에서, 나는 모든 나의 상념들이 사랑에 관한 것임을 진술하고 선언한다. 둘째 부분에서, 나는 그들이 서로 다르고 또 어떻게 다른지를 말하고 있다. 셋째 부분에서, 나는 그들이 어느 면에서 모두 일치하는 듯이 보이는지 말하고 있고, 넷째 부분에서, 나는, 사랑에 관해 말하기를 소망하면서도 어디에서 시작해야 할지를 모르고 있으며, 만약 내가 그것을 모든 상념들로부터 얻기를 원한다면, 나는 나의 적, 숙녀 **연민**[42]에게 호소할 수밖에 없다는 것을 말하고 있다. 그리고 나는 그녀를, 다소 경멸적인 어투로, '나의 숙녀'라고 부르고 있는 것이다. 둘째 부분은 "그러나 그것들은 …… 서로 달라" 하고, 셋째 부분은 "그들은 단지 …… " 하고, 넷째 부분은 "그래서 나는 …… 모른다" 하고 시작한다.

---

40 'courtly love 귀부인에 대한 정중한 사랑'이 그 당시에 확산되고 있는 전 유럽적 풍조임을 감안할 때, 문제점을 조기(早期)에 간파한 단테의 형안(炯眼)이 놀랍다고 사료됨.

41 원문의 'Pietà 연민'은 'misericordia 자비'의 뜻이 있음.

42 원문에 "la Pietade 연민의 여신"은 "Pietà 연민"에 접두어처럼 "dea 여신"의 어감을 가미하여 의인화를 강화하고 있음.

XIV

상충하는 상념들과 한 바탕 싸움을 한 후, 지극히 고귀한 숙녀가 많은 숙녀들이 모인 곳에 온 일이 있었다. 바로 그 장소에 나는 어느 친절한 친구에 의해 이끌려가게 되었는데, 그는 그렇게 많은 여인들이 그녀들의 미를 뽐내고 있던 곳에 나를 데리고 감으로써 내게 큰 즐거움을 선사한다고 생각했던 것이다. 왜 내가 그곳에 함께 가게 되었는지 정확히 모른 채, 하지만 그의 한 친구[43]를 한때 죽음의 벼랑 끝까지 몰고 갔던 친구를 신뢰하면서, 그에게 말했다. "왜 우리가 이 여인들을 보러 온 것이지?" 그러자 그가 대답했다. "그녀들이 격에 맞는 훌륭한 봉사를 틀림없이 받도록 하기 위해서지."[44] 그리고 사실, 그녀들은 그날 결혼한 어느 고결한 숙녀의 동반자로서 거기에 모였던 것이다. 앞서 말한 도시의 관습에 따르면, 신부는 남편의 집에서 처음으로 식탁에 앉게 되었을 때, 그녀와 함께 있는 것이 그녀들의 합당한 예의였다. 그래서 나는, 친구를 기쁘게 해주어야겠다고 생각하여, 그와 함께 거기에 머물며 그녀를 동반해준 여인들에게 경의를 표해야겠다고

---

43 원문의 'uno suo amico 그의 한 친구'는 필자 자신을 완곡하게 가리키는 것이라고 사료됨.

44 두 친구의 대화의 맥락에서 판단하자면, 두 젊은이는 'courtly love 귀부인에 대해 존경하는 사랑'의 관례에 의기투합하는 사이라고 이해됨. 그 당시 독일 문화권에서는 그러한 처신을 'Minnedienst 사랑의 봉사'라 불렀음.

결심하였다. 그러나 그런 결정을 내리고 난 후 곧바로, 내 생각에, 나는 가슴 왼편에서 시작하여 곧 온몸으로 확 퍼진 어떤 현저한 경련을 느꼈다. 그런 다음, 말하자면, 나는 집 안 전체를 둘러싸고 있는 프레스코 벽화에 몸을 살짝 기대었다. 그리고 다른 사람들이 내가 떨고 있는 것을 눈치챌까봐 두려워서, 나는 눈을 치켜뜨고 여인들을 바라보았는데, 그들 가운데서 지극히 고귀한 베아트리체가 보였다. 그때 나의 정기(精氣)들은, 지극히 고귀한 숙녀 가까이 있으면서[45] **사랑**이 획득한 힘에 의해 너무나 제압되어서, 오직 시력의 정기들만이 활성화되었다. 그런데 그들마저도, **사랑**이 경이로운 숙녀를 잘 보기 위해 그것들이 가장 **훌륭한** 자리를 차지할 것을 주장했기 때문에, 그들의 기관들 밖에 머물렀다.[46] 그리고 나는 어떤 변화된 상태에 놓여 있음에도, 큰 소리로 애도하며 이렇게 말하고 있는 정기들에 매우 미안하게 느꼈다. "만약 저 친구가 번개 치듯 우리를 우리의 장소로부터 몰아내지만 않았다면, 우

---

45 원문에 'veggendosi in tanta propinquitade 그처럼 가까이에서 자신을 발견하면서'로 나와 있는데, 그 'veggendo'는 'vedere 보다'의 동명사 'vedendo'의 변형으로 토스카나 방언으로 간주됨.

46 연인이 얼이 빠진 상태에서, 눈들은 정상적 기능을 상실하고 어떤 한 목표물에 집중하고 있음을 비유한다고 사료됨. 단테의 구상(構想)에 따르면, 머리에 있는 지적 정기(精氣)들, 심장에 있는 생명적 정기들, 간에 있는 감정적 정기들, 감각기관들에 있는 감각적 정기들이 있고, 여기서는 시력의 정기들이 일단 그들의 목표물에 갔다가 시력 기관에 다시 되돌아와야 하는데, 미(美)라는 목표물에서 방황하는 것으로 이해됨.

리는, 우리와 동등한 자격이 있는 다른 것들이 하고 있는 것과 마찬가지로, 저 숙녀의 경이로운 모습을 그냥 응시하고 있었을 텐데." 계속 말하자면, 여인들 중 많은 이들이 나의 변화된 상태를 눈치 채고서는 서로 쑤군대며 지극히 고귀한 숙녀에게 나를 놀려댔다. 그리하여 내 친구는 진정으로 어리둥절하여 내 손을 잡고 부인들의 시야 밖으로 나를 끌어내면서 내게 무슨 일인지를 물었다. 그런 다음, 좀 쉬고 나서, 무감각해졌던 정기들이 다시 살아나고 쫓겨났던 것들이 다시 제 자리를 되찾았을 때, 나는 친구에게 이렇게 말했다. "내 발들이 생명의 벼랑 끝에 가 있었는데, 그것을 넘어서면 다시는 돌아올 기대는 없네." 그와 작별을 한 후, 나는 내 눈물의 방으로 되돌아와 울며 수치심을 느끼며, 혼자 계속 중얼거렸다. "만약 내가 어떤 상태에 있었는지 그 숙녀가 알았다면, 나를 조롱하지 않았을 텐데, 아니, 오히려 내 모습을 보고 무척 동정했을 거야." 그리하여 나는 여전히 흐느끼며, 시 한 편을 쓰고자 했다. 그 시에서 내가 그렇게 변모(變貌)한 이유를 적시(摘示)하고, 사람들이 그것을 쉽게 알아차리지 못하는 것을 나 자신은 잘 알고 있다고 그녀에게 말하고자 했다. 그도 그럴 것이, 만약 그것이 알려졌다면, 다른 사람들도 나를 동정하리라 믿었다. 그렇게 해서 나는 이 시가 그녀의 귀에까지 도달될 수 있기를 간절히 바라며 쓰기로 작정하였다. 그런 다음 나는 이 소네트를 썼는데 그것은 "다른 여인들과 함께" 하고 시작한다.

다른 여인들과 함께 그대는 내가 띠고 있는 모습에,

나의 숙녀여, 그대는 재미있어 하고, 그 이유에 대해, 즉,

왜 내가 그대의 미(美)를 바라볼 때면, 그대에게 그처럼

괴상하게 보이는지에 대해서는 생각해보지 않으시는군요.

만약 그대가 아신다면, **연민(憐愍)**은 나를 더 이상

일상적 시험대 위에 올려놓지는 않을 거예요.

정녕, **사랑**은, 내가 그대 가까이에 있는 것을

발견할 때면, 건방지게 자신만만해져,

나의 겁먹은 정기(精氣)들 속으로 뛰어 들어와

이리저리 타격을 가해, 어떤 것들은 죽이고 또 다른 것들은

축출하면서, 자신만이 남아서 그대를 응시하는 거죠.

그로 인해 나는 어느 다른 모습으로 변화되어 있지만,

그래도 아직까지는 고문당하고 축출된 정기들의

봉변을 잘 의식하고 있는 것이지요.

나는 이 소네트를 부분들로 나누지 않는데, 분할은 오직 분할된 것의 뜻을 명료하게 하기 위한 것이다. 이 소네트엔 내가 기술(記述)한 배경이 아주 분명한 만큼, 분할이 필요 없다. 이 소네트를 쓰게 된 이유를 설명하는 구절 중에, 다소 어려운 것들이 있는 것은 사실이다, 즉, 내가 **사랑**이 나의 모든 정기들을 죽이고, 시력의 정기들은 아직 살아 있지만, 그들의 기관들 밖이라고 말하는 대목이다. 그리고 이러한 난관은

사랑의 충실한 귀의자가 아니면 극복하기 불가능하겠지만, [주인공인 나와] 마찬가지로 충실한 귀의자에겐 어려운 구절의 해결은 명백하다. 그런 고로, 내가 그러한 어려움을 설명하는 것은 적절치 않다, 왜냐하면 나의 설명은 무익하거나 불필요할 것이기 때문이다.

XV

그 이상야릇한 변화를 경험한 후에, 강력한 한 상념(想念)이 내게 다가와 나를 거의 놓아두지 않고, 지속적으로 내 마음을 사로잡았다. 그것은 다음의 자문자답(自問自答)이었다. "그대는 그 숙녀 가까이에 있을 때면, 그렇게 우스꽝스럽게 보이는데, 왜 그대는 여전히 계속해서 그녀를 보려고 애를 쓰는가? 만약 그대가 그렇게 그녀에 의해 질문을 받으면, 그대가 대답하는 동안 그대의 모든 기능들이 제대로 작동하고 있다고 가정하여, 그대는 무어라 대답할 것인가?" 이러한 생각에 또 하나의 다른, 겸허한 생각이 이렇게 답을 했다. "만약 내가 답변을 하는 동안에 나의 기능들을 잃지 않는다면, 나는 그녀에게, 그녀의 경이로운 아름다움이 내 마음에 떠오르자마자, 나는 그녀를 보고 싶은 욕망이 그처럼 강렬해서 나의 기억

속에서 일어날 법한 어떠한 반대의견도 묵살하고 파괴해 버
릴 것이라고, 말할 것이다. 그러니까 나의 과거의 괴로움들은
그녀를 바라보는 기회를 얻으려는 나를 억제하지 못한다." 그
리하여 그런 생각들에 고무되어, 나는 시 한 편을 쓰기로 결심
하였는데, 그 시에서 나는, 그녀에게 나의 요전의 질책에 대해
사과하고, 그녀 가까이에 있을 때, 내게 무슨 일이 일어나는지
를 아울러 언급하고자 한다. 그리고 나는 이 소네트를 썼는데,
그것은 다음과 같이 시작한다. "나를 반대하는 것"

　　나를 반대하는 것은 모두, 내가 그대를 보게 되는 때,
　　아름다운 보석이여, 내 마음에서 사라져버려요.
　　그리고 내가 그대 가까이에 있을 때면, 내가 듣기에,
　　사랑은 말하죠. "만약 그대에게 죽음이 역겨우면, 도망가라!"
　　내 얼굴은 내 심장의 색깔을 보여 주지요, 심장은,
　　기절하면, 가능한 곳이면 어디에나 기대지요.
　　그리고 빙빙 도는 도취[47] 상태에 있을 때, 그 돌들은
　　울부짖는 것 같아요. "죽게 하라, 죽게 하라!"
　　그러한 때에 나를 보고 있는 사람은 누구든지, 나에 대해 단지
　　미안한 느낌만을 보이면서, 나의 낙망한 영혼을

47　원문의 'ebrietà 도취'는 라틴어 'ebrietas'에서 유래하는데, 현대 이탈리아어
에서는 'ebbrezza'로 정착했고, 단테의 토스카나 지방어는 여기서도, 다른 많은 예
들에서와 같이, 라틴어에 매우 인접해 있음을 알 수 있음. 또 문맥상의 이 핵심단
어는 세계문학사상 '사랑과 죽음'의 모티브를 안고 있음.

저 연민,[48] 그대의 조롱이 죽이고,

죽음을 갈망하는 내 눈의

죽은 시선에 의해 소생되어지는 연민으로

위로하지 않는다면, 그는 죄를 짓는 거예요,

이 소네트는 두 부분으로 나뉘어 있다. 첫째 부분에서, 내가 왜 절제하지 못하고 숙녀에게 접근하는지를 진술하고 있다. 둘째 부분에서, 그녀에게 가까이 갈 때, 내게 어떤 일이 일어나는지를 말하고 있다. 그리고 이 부분은 "그리고 내가 그대 가까이에 있을 때면" 하고 시작한다. 그리고 이 둘째 부분은 다시, 서로 다른 다섯 개의 진술들에 따라, 다섯 부분으로 나누어진다. 첫 번째에서, 내가 그녀 가까이에 있을 때, 이성의 조언을 받은 사랑이 내게 무어라고 말하는지를 진술하고 있다. 두 번째에서, 나는 내 얼굴에 나타난바 내 마음의 상태를 천명한다. 세 번째에서, 나는 어떻게 나의 모든 자신감이 나를 떠나버리는지를 말하고 있다. 네 번째에서, 나는 나에게 다소 위로를 해주면서 나에 대한 연민을 보여주지 못하는 사람은 그 누구이든지 간에, 그는 죄를 짓고 있는 것이라고 말한다. 마지막에서, 나는 사람들이 왜 연민을 느껴야 하는지를 말

---

48 'pietà 연민'은 고대 희랍 비극의 핵심개념으로 '공포'와 더불어 관객의 정화(淨化)를 가져온다고 하는바, 여기서는 보다 인도(人道)적 차원에서 수용되고 있음.

하고 있다. 그것은 내 눈에 나타나는 처량한 정경(情景) 때문이다. 다른 사람들은 볼 수 없는 처량한 정경은, 이 여인의 조롱에 의해 파괴되었다. 조롱은, 먼저 그렇게 되지 않았다면, 연민을 느낄 수도 있었을 다른 사람들마저도 나를 조롱하게 만든다. 두 번째는 "나의 얼굴은 ……" 하고, 세 번째는 "…… 도취 속에서" 하고, 네 번째는 "나를 그러한 때에 보고 있는 사람은 그 누구든지," 하고, 다섯 번째는 "저 연민으로부터" 하고 시작한다.

XVI

위의 소네트를 쓰고 나서, 나는 또 하나의 시를 쓰고 싶다는 욕망을 느꼈다. 그 시에는 내가 아직 진술하지 못한 나의 현재 상황에 관한 네 가지 사항을 언급하고자 하였다. 첫째는 내 기억이 상상력을 동요시켜 **사랑**이 내 안으로 밀어 넣은 상태를 눈앞에 그려보았을 때 난 가끔 비통함을 느꼈다는 사실이다. 둘째는 사랑이 나를 그렇게 맹렬하게 자주 공략하여서 내 마음속에 살아남은 것은 오직 그 숙녀에 대한 생각뿐이었다. 셋째는, 이 **사랑**의 공략과 내가 그런 식으로 씨름할 때, 그녀를 보는 것이 그 공략으로부터 나를 보호해줄 것이라 생각하고, 그렇게 지극히 고귀한 존재에 접근할 때 내게 무슨 일이 일어날지 온통 잊어버린 채, 거의 완전히 창백한 얼굴로 그 숙녀를 보러 갔다. 넷째는 그녀를 그렇게 찾아가 보는 것이 나를 보호하지를 못했을 뿐만 아니라, 또한 내게 그나마 남아 있던 작은 생명마저 패주시켰다.[49]

그래서 나는 이 소네트를 썼는데, 그것은 "자주" 하고 시작한다.

자주 내 마음에 사랑이 나에게 주는
수수께끼 같은 특징들이 떠오르고,
나는 그들에게 연민을 느낀 나머지,
묻곤 한다. "아이고! 다른 이들에게도 이런 일이 생기나?"
왜냐하면 사랑은 그런 식으로 갑자기 나를
공격해 와서 생명이 거의 내게서 사라진다. 단 하나의 떨림,
살아있는 정기(精氣)가 나에게 남는데, 그것이 남아있는
이유는 그것이 그대에 대해 말하고 있기 때문이네.
그때 나는 힘을 내어 나 자신을 방어하기를 원하네.
그리하여 수척해지고 힘이 빠진 채,
회복되기를 기대하며, 나는 그대를 보러왔네.
그러나 내가 눈을 들어 그대를 바라보면,

---

49 원문의 'disconfiggea 패주시키다'는 현대 이탈리아어에는 존재하지 않는바, 단테가 사용한 이 단어는 프랑스의 프로방스 지방어(provençal)에서 유래되었고 현 프랑스어 단어 'déconfiture 붕괴, 패주'의 동사형이라고 사료됨.

그처럼 엄청난 떨림이 나의 가슴속에서 시작하여
내 심장의 고동에서 영혼을 떠나게 하네.

　이 소네트는 네 부분으로 나뉘어 있고, 그 속에 네 개의
진술이 만들어지는 것과 일치한다. 이것들은 위에 자세히 적
어 놓았기 때문에, 여기서는 그것들의 시작만을 구분해 놓겠
다. 그러니까 둘째 부분은 "왜냐하면 사랑은"으로, 셋째 부분
은 "그때 나는 힘을 내어"로, 넷째 부분은 "그러나 내가 눈을
들어"로 시작한다.

XVII

　내가 이 숙녀에게 건네는 이 세 편의 소네트들을 쓰고
나서, 이것들이 거의 나의 상태를 완전히 명시했던 만큼, 나는
침묵을 지키며 더 이상 아무런 말도 하지 않기로 하였고 또한
나 자신을 충분히 드러냈다고 생각하였다. 언젠가 뒤에 가서
그녀에게 말하지 않도록 주의를 기울였음에도, 이제 나는 지
금까지의 주제(主題)보다 더 고귀하고 새로운 주제를 택할 수
밖에 없게끔 되었다. 그리고 이 새로운 주제를 택한 이유는 듣
기에 즐거운 일이기 때문에, 나는 될 수 있는 대로 간결하게
그것을 진술할 것이다.

XVIII

내 얼굴 표정에서 많은 사람들이 내 마음의 비밀을 알아챘고, 패배를 당한 여러 장면들을 목격하였기에, 내 마음의 향배를 잘 알고 있던 몇몇 여인들이 서로의 즐거운 만남을 위해 모였다. 그리고, 마치 행운에 의해 인도되듯, 내가 그들의 곁을 지나고 있을 때, 이 귀부인들 중 한 명이 나를 부르는 것이었다. 아주 유쾌한 방식으로 그녀가 소리치며 나를 불렀다. 그래서 내가 그들 앞으로 와서 지극히 고귀한 숙녀가 그들 가운데 있지 않다는 것을 확인하였을 때, 용기를 내어 그들에게 인사하며, 그들이 즐거워하는 대상(對象)이 무엇이냐고 물었다. 여인들은 수가 많았고, 몇 명은 함께 웃고 있었다. 또 다른 여인 몇 명은, 내가 무어라고 말하나 기다리며, 나를 쳐다보고 있었다. 또 서로 말을 주고받던 여인들 중 한 여자가, 나에게 눈길을 돌리고 내 이름을 부르면서, 이렇게 말하는 것이었다. "그대는 왜, 그녀가 참석해 있는 것은 견디지 못하면서, 그대가 받들고 있는 그 부인은 왜 사랑하시는 건가요? 그런 사랑의 목적은 확실히 엄청나게 새로운 어떤 경험일 것이니까, 우리에게 말해 줘요." 그녀가 나에게 그런 말을 건네고 나서, 그녀뿐만 아니라 다른 모든 여자들까지도 아주 명백히 나의 대답을 기다리기 시작했다. 그때 나는 이런 말을 그들에게 했다. "숙녀들이여, 내 사랑의 목적은 그 숙녀 – 제가 누굴 말하는지 알고 계시겠죠 - 로부터 받는 인사이곤 했죠, 그리고 그것이 나의 모든 욕망들의 목적인 지복(至福)한 느낌의 본질이었죠. 그러나 그녀가 그것을 내게 주기를 거부하는 것을 즐기기 시작한 이래로, 나의 주군인 사랑 - 나는 그에게 감사해요 - 은 나의 모든 지복을 내가 실패할 수 없는 어떤 것에서 찾도록 하게 하였어요." 그 말과 함께 숙녀들은 서로서로 얘기하기 시작했는데, 우리가 가끔 아름다운 눈과 뒤섞여 비가 내리는 것을 보는 것과 아주 흡사하게, 나는 그들의 말들이 탄식 소리와 뒤섞여 흘러나오는 것을 들은 듯하였다. 그리고 그녀들이 얼마 동안 함께 말들을 하고 나더니, 내게 앞서 말을 건넨 여인이 다음과 같은 말들[50]을 내게 했다. "우리는 그대가 말하는 그 지복이 어디에 있는지 우리에게 말해 줄 것을 간청해요." 그래서 나는 그녀에게 대답으로 이렇게 말했다. "나의 숙녀를 칭찬하는 그 말들 속에 있죠." 그때 여성 질문자가 물었다. "만약 그대가 진실을 말하고 있다면, 그대가 처해 있는 상황을 우리에게 명백히 설명하면서 사용한 말들은 어떤 다른 의도를 가지고 사용했겠네요." 그러자 나는 거의 수치심을 느끼고 그녀들과 헤어져 혼자 가면서 이 말들을 곱씹으며 다음과 같이 중얼댔다. "나의 숙녀를 칭찬하는 말들 속에 그처럼 지

---

50 단테에게는 언어의 말 한마디 한마디가 중요하기 때문에 단순히 'dire 말하다'와 적절한 단어들을 구사하며 말하는 것을 'parola 말'을 한다 하여 'parole dire 말들을 한다'고 표현하고 있음.

복함이 깃들어 있는데, 왜 나는 다른 의미로 말을 하였던가?"
그래서 나는 지극히 고귀한 숙녀의 칭찬에 이바지하는 것을
말하는 것의 기조(基調)로 삼기로 작정했다. 그리고 이 문제를
깊게 곱씹으며, 나는 스스로에게 너무 고결한 과제를 짐 지운
것 같았다. 그래서 나는 쓰기 시작할 엄두를 못 내고 있었다.
며칠 동안 쓰려는 욕망과 시작의 두려움을 지니며 지냈다.

XIX

그런 다음, 내가 깨끗한 시냇물이 흐르는 길을 따라 내
려갈 때, 나는 어떤 언급을 하고 싶다는 강한 욕망을 느낀 나
머지, 그것을 어떻게 착수할까 생각하기 시작했다. 그리고 먼
저 이인칭(二人稱)으로 말을 건네지 않고서는 여러 여인들을
향해 그녀에 관해 말하는 것은 내게 걸맞지 않다는 생각을 굳
히었다. 그저 아무 여자들이 아니라, 단순히 여인들이라기보
다는 고귀한 성품을 지닌 숙녀들을 상대해야 한다는 것이다.
그러자 기막히게도 내 혀는 아주 자연스럽게 돌아가더니 다
음과 같은 화두(話頭)를 만들었다. "사랑에 대해 섬세한 감각
을 지니고 있는 숙녀들이여." 나는, 이 말들을 시의 첫 행으로
삼을 생각에, 큰 기쁨을 느끼며 내 마음속에 저장하였다. 얼마

후 위에서 언급한 도시로 돌아와 며칠 동안 곰곰이 생각하다가, 나는 그렇게 시작하는 한 칸초네[51]를 시작했다. 내가 그것을 여러 부분으로 나누어 놓고 있는데, 아래에서 잘 들어날 것이다. 칸초네는 이렇게 시작한다. "사랑에 대해 섬세한 감각을 지니고 있는 숙녀들이여"

사랑에 대해 섬세한 감각을 지니고 있는 숙녀들이여,

나는 그대들과 나의 숙녀에 대해 말하고 싶네,

그녀에 대한 칭찬들을 그렇게 탕진할 수 있다고 생각해서가 아니고,

얘기함으로써 내 마음을 가볍게 하기 위함이네.

내 말인즉, 내가 그녀의 가치를 고려할 때마다,

사랑은 나로 하여금 자신을 그처럼 감미롭게 느끼게 하여,

내가 용기만 잃지 않는다면, 나는 내 말을 풀어가면서,

저마다 사랑에 빠지도록 할 수 있을 텐데 말이네.

그리고 나는 그처럼 고매하게 말하기를 바라지 않는 것이,

겁을 집어 먹고 옹졸하게 되지 않기 위함이네.

그러나 나는 그대들과 함께, 연모하는 숙녀들과 처녀들이여,

그녀의 덕성(德性)에 걸맞도록 오직 가볍게,

그녀의 고귀한 상태를 논의할 것이네,

정녕 그것은 다른 이들과는 논의할 주제(主題)가 아니네.

한 천사가 그 **신성한 지성**에게 소리친다,

---

51 이탈리아와 프로방스 지방의 서정시의 일종으로 송가 형식의 여러 연(聯)으로 되어 있음.

가로되. "주여, 저 세계에 한 영혼으로부터 솟아나오는

행동들에서 한 기적(奇蹟)이 엿보이고 있고, 그녀의

환한 기색이 이 높은 곳까지 솟아오르고 있어요."

그녀가 빠진 것 외에는 아무것도 부족함이 없는

천국은 그의 **주군**(主君)으로부터 그녀를 요구하고 있고,

모든 성자(聖者)도 은고(恩顧)를 소리쳐 청하네.

연민만이 우리 편을 들고 있는 터에,

신은 나의 숙녀를 의중에 두고 말씀하시네.

"나의 사랑하는 이들이여, 내 마음이 내킬 때까지

그대들의 희망이 연기되어짐을 평화롭게 견디어내게,

정녕 저곳에 그녀를 잃게 될 것을 예기하고 있는 한 사람이 있고,

그는 **지옥**에서 말할 것이다. '오, 저주받은 영혼들이여,

나는 지복 속에서 영혼들의 희망을 보았노라.'"

나의 숙녀는 저 지극히 높은 하늘에서 갈망되어지네.

이제 나는 그대들에게 그녀의 미덕에 관해 알려주고 싶네.

내 말인즉. 그대들 중 그 누구도 한 귀부인으로 보이기를 원한다면,

그녀와 함께 걸어야 하네, 정녕 그녀가 밖으로 나갈 때,

사랑은 비열한 마음들에 찬물을 끼얹어,

그들의 모든 사고(思考)를 얼어붙고 멸망하게 하네. 그리고

거기 서서 그녀를 바라보기를 감당할 수 있는 이는, 그 누구든지.

어떤 고귀한 것이 되거나, 아니면, 죽을 것이네.

그리고 그녀가 그녀를 바라볼 자격을 갖춘 어떤 이를

발견하는 때, 그 사람은 그녀의 미덕을 경험하게 되는데, 그것은

그가 그녀에게서 받은 것이 그의 구원(救援)으로 환원하고

또 그를 겸허하게 만들어 모든 불법을 잊게 하기 때문이네.

게다가, **신**(神)은 그녀에게 한층 더 큰 호의를 베풀었는데,

그녀와 말을 나눈 이는, 그 누구든지, 저주받을 수 없다는 것이네.

사랑이 그녀에 관해 말한다. "어떻게 진흙에서 빚어진 인간이

저렇게 아름답고 또 순수할 수가 있을까?"

그러면서 그는 그녀를 다시 바라보고 단언하는 바,

신은 그녀를 통해 어떤 새로운 것을 창조하려 하였노라.

그녀의 피부색은 거의 진줏빛이고, 그녀의 몸매는,

과도함이 없이, 여인에게 어울리는 맵시이어라.

그녀는 자연(自然)이 지어낼 수 있는 지고(至高)의 선(善)이네.

미(美)는 그녀를 시금석으로 하여 시험되어지네.

그녀의 눈으로부터는, 그녀가 눈을 돌릴 때마다,

사랑의 불타는 정기(精氣)들이 흘러나와서는

그때 그녀를 쳐다보는 사람의 눈을 강타하고,

몸을 꿰뚫어, 그 하나하나가 심장에 와 닿는 것이네.

사랑이 그려져 있는 그녀의 용모를

어느 누구도 그냥 바라만 보고 있을 수 없다네.

나의 노래여, 내가 그대를 출발 시킨 후, 나는 그대가

많은 숙녀들에게 말하며 방황할 것임을 알고 있네.

이제 나는 그대에게 훈계하노니, 정녕 내가 그대를

사랑의 젊고 겸허한 딸로 키워 놓았는데,

그대가 어디엘 가든지 간에 이렇게 청(請)해라.

"어디로 가야 하는지 가르쳐 주세요, 나는 정녕 내가

장식되어져 있는 그 칭찬들을 받을 그 숙녀에게 보내어진 것이에요."

그리고 그대가 어느 어리석은 건달처럼 돌아다니기를 원치 않는
다면,

비근한 사람들이 있는 곳에서는 머뭇거리지 말거라.
그렇게 할 수만 있다면, 오직 숙녀들이나 예의바른[52] 남자에게만
그대의 마음을 열어 주도록 노력하게, 그러면
그들은 재빨리 그대가 갈 길로 그대를 보내줄 것이네.
그대는 사랑이 그녀와 함께 있는 것을 발견할 것이네.
그대의 의무에 알맞게 그에게 나의 인사를 전해주게.

이 칸초네가 더 잘 이해되도록 하기 위해, 나는 이것을
앞선 시들의 경우에서보다 더 세밀하게 나눌 것이다. 그래서
나는 그것을 세 부분으로 나누는 것부터 시작한다. 첫째 부
분은 뒤따르는 것에 대한 서문(序文)이다. 두 번째 것은 이 시
의 주제이다. 세 번째 것은, 말하자면 먼저 부분들의 하인이
다. 두 번째 것은 "한 천사가 …… 소리친다" 하고, 세 번째 것
은 "나의 노래여, …… 나는 알고 있네" 하고 시작한다. 첫째
부분은 다시 네 쪽으로 나뉜다. 첫 번째 쪽에서, 나는 나의 숙
녀에 관해 누구에게 말하기를 바라는지와 그 이유를 진술한
다. 두 번째 쪽에서, 그녀의 덕을 생각할 때, 내가 처해 있는 것
과 같은 상태와 내가 용기를 잃지 않는다면 무엇을 말할지를
기술한다. 세 번째 쪽에서, 나는 옹졸함에 의해 그녀가 지장을

---

52 원문의 'cortese 예의바른'에서 'amore cortese 예의바른 사랑'을 시사(示唆)
함.

받지 않도록 어떻게 생각해야 하는지를 말하고 있다. 네 번째 쪽에서, 나의 의중에 있는 청중을 다시 기술하며, 내가 왜 그들에게 말을 건네는지 이유를 말하고 있다. 이 세분(細分)의 두 번째 쪽은 "내 말인즉" 하고, 세 번째는 "그리고 나는 …… 말하기를 바라지 않는 것이" 하고, 네 번째는 "…… 숙녀들과 처녀들이여" 하고 시작한다.

그 다음, 내가 "한 천사가 …… 소리친다" 하고 말하는 때, 나는 그 숙녀에 관해 말하기 시작한다. 그리고 이 부분은 두 쪽으로 나뉜다. 첫 쪽에서, 나는 하늘에서 그녀가 어떻게 이해되고 있는지 진술하고 있다. 둘째 쪽에서, 나는 "나의 숙녀는 …… 갈망되어지네" 하고 시작하여 지상에서 그녀가 어떻게 이해되고 있는지를 진술한다. 이 둘째 쪽은 다시 두 가닥으로 나뉜다. 첫 가닥에서, 나는 그녀의 영혼에서 발산하는 능동적 미덕들 몇 개를 열거하며 그녀 영혼의 고귀성을 논한다. 둘째 가닥에서, 나는 그녀 육체의 고귀성을 논하며 그녀가 지닌 몇 개의 미(美)들 열거하는데, "**사랑**은 그녀에 관해 말한다" 하고 시작한다. 둘째 가닥은 다시 두 개의 소부분으로 나뉜다. 첫 번째에서, 나는 그녀의 전체 인격 속에 깃들어 있는 몇 개의 미들을 언급한다. 두 번째에서, 나는, "그녀의 눈으로부터는" 하고 시작하며, 그녀 신체의 특정 부분에 깃들어 있는 몇 개의 미들을 언급한다. 이 둘째 소부분도 다시 두 부분으로 나뉜다. 첫째 부분에서, 나는 사랑의 시발점인 그녀의 눈을 언급한다. 둘째 부분에서, 나는 사랑의 종착역인 그녀의 입술[53]을 언급한다. 그리고 온갖 사악한 생각이 여기서 제거되도록, 나의 독자들이, 위에 적어 놓은 대로, 이 숙녀의 인사 – 그녀 입술의 기능들의 하나 – 는, 내가 인사를 받을 수 있던 동안에는, 나의 욕망의 목표였다는 것을 상기(想起)하기 바란다.

더 뒤로 가서, 내가 "나의 노래여, …… 나는 알고 있네" 하고 말할 때, 나는 이전 연(聯)들에 대해 다소 보조적인 한 연을 추가하는데, 여기에서 나의 송가(頌歌)가 무엇을 하기를 원하는지를 말하고 있다. 그리고 이 마지막 부분은 이해하기가 쉽기 때문에, 그것을 더 나누는 것에 신경 쓰지 않는다. 이 칸초네의 의미를 한층 더 드러내기 위해서는, 그것을 좀 더 세분하는 것이 필요하리라고 단언한다. 그렇지만, 어떤 이가 이미 만들어진 구분들로부터 칸초네를 이해하는 데 충분히 명석하지 않아, 모든 것을 옆으로 밀어놓는다 해도, 나는 유감스럽게 생각하지 않을 것이다. 왜 그런가 하면, 다행이도 많은 사람들이 그것을 들을 수[54] 있었다면, 내가 만든 몇 개의 구분만으로

---

53 원문에는 'la boca 입'이라고 지칭되어 있는데, 이것은 의미 맥락상 '입술 labbro'로 이해되고, 해당 시의 텍스트에는 'viso 얼굴'로 표현되어 있는 것으로 보아, 단테 자신은 완곡한 표현을 선택하고 있으나, 사랑의 관능적 측면을 무시하지는 않는 것으로 사료됨.

54 본문의 'audire 듣다'는 라틴어이고, 현대 이탈리아어에서는 'sentire 듣다'를 씀. 그 당시는 'troubadour 음유(吟遊)시인들'에 의해 칸초네가 낭송되면, 그것을 들을 수 있었음. 그런 환경에서 단테의 자작시 해설은 유용했던 것으로 사료됨.

도 벌써 너무 많은 사람들에게 그것의 의미를 전달했다는 것을 심히 두려워하기 때문이다.

XX

이 칸초네가 동료 시민들 사이에서 어느 정도 널리 알려지게 된 후, 친구 한 명이 그것을 듣고 감동해서, **사랑**이 무엇인지 말해 줄 것을 내게 청하게 되었다. 아마도 그는 시의 어구(語句)들을 듣자, 내 능력의 범위를 넘어서는 기대감이 그에게 생겼던 것 같았다. 그런 연고로 해서, 나는 앞서 다룬 그런 류의 주제 다음에는, 사랑의 주제를 좀 논술해 보는 것이 멋지겠다고 생각하고, 또 내 친구에게 은혜를 베풀어야 한다고 생각해서, 사랑을 다루는 시 한 편을 쓰기로 작정했다. 그 다음 나는 이 소네트를 썼는데, 그것은 다음과 같이 시작한다. "**사랑과 고귀한 마음은.**"

사랑과 고귀한 마음은 하나이고 같은 것이네,
현자(賢者)[55]는 그의 시에서 그렇게 말하고 있네,

---

55 단테와 동시대인이며 'dolce stil nuovo 감미로운 새로운 문체'의 선구자인 구이도 구이니첼리(Guido Guinizzelli)를 가리키고 그의 시는 가장 유명한 칸초

추리하는 영혼이 추리함이 없이 존재하지 못하는 것과 같네.

자연은, 사랑에 빠져 있을 때, 그것들을 창조하네.

사랑은 주인이 되고 마음은 그의 거처가 되니,

그 안에서 그는 잠을 자며 쉰다네,

어떤 때는 짧게 또 어떤 때는 길게 말이네.

그때 아름다움이 현명한 한 숙녀의 모습으로 나타나[56]

보는 이의 마음을 그처럼 즐겁게 하여

즐거운 것에 대한 욕망이 일어나네.

그리고 그것은 가끔 그처럼 오래 마음속에서

지속하여 사랑의 정신을 일깨우네.

또 훌륭한 남자는 여인에게 유사한 작용을 일으키네.

이 소네트는 두 부분으로 나뉘어 있다. 첫째 부분에서 나는 사랑과 그의 잠재적 상태에 대해 말한다. 둘째 부분에서, 나는 그의 잠재성이 능동성으로 전환되는 과정에 대해 말한다. 둘째 부분은 "그때 아름다움이 …… 나타나" 하고 시작한다. 첫째 부분은 두 쪽으로 세분된다. 전반부에서, 나는 이 잠재성이 어떤 주체 속에 깃들어 있는지를 말한다. 후반부에서, 나는 어떻게 이 주체와 이 잠재성이 하나의 본질을 이루고 있

네 "Al cor gentil ripara sempre Amore 사랑은 언제나 그 고결한 마음속에 와 깃들이네"를 지칭함. 본 번역서의 부록을 볼 것.

56 원문의 'saggia donna'가 '관능적'이라기보다 '지성적' 숙녀를 가리키고 있는 맥락에서, 지적인 아름다움과 지적인 사랑이 암시됨.

고, 또 어떻게 하나가 그 다른 것에, 형식이 물질[57]에 결부되듯이, 결부되어 있는지를 말하고 있다. 후반부는 "자연은 ······ 그것들을 창조하네" 하고 시작한다. 뒤에 가서, 내가 "그때 아름다움이 ······ 나타나" 하고 말할 때, 나는 어떻게 이 잠재성이 활동력으로 변환되는지를 말하고 있다. 먼저, 어떻게 그것이 남자의 마음속에서, 그 다음은 어떻게 그것이 여자의 마음속에서 어떻게 변환되는지를, "그리고 훌륭한 남자는" 하는 말이 시작하는 곳에서 말하고 있다.

XXI

위에 말한 시에서 사랑의 소재(素材)를 취급하고 나서, 나는 그 지극히 고귀한 숙녀를 예찬(禮讚)하는 시를 쓰고자 하는 더 진전된 충동을 느꼈다. 나는 거기에서 어떻게 이 **사랑**이

---

57 원문에 'forma materia 형식이 물질을' 하고 표현되어 있는데, 단테는 이 소품에서 양자(兩者)의 관계를 의미 있게 숙고하고 있음. 서양철학에서 형식 또는 정신과 물질의 관계는 플라톤과 아리스토텔레스로부터 시작하여 근대에 와서는 칸트를 거쳐 현대의 실존철학에서 본격적으로 취급되었는데, 칸트, 괴테, 하이데거, 사르트르 등에서 한 인간이라는 재료로부터 어떻게 한 의미 있는 인격체가 형성될 수 있는지가 논의되었고. 그중에도 원현(圓現 entelecheia), 즉 질료 속에서 실현되는 본질적 형상의 개념이 핵심적 역할을 하였음.

그녀에 의해 일깨워지는지를, 그리고 어떻게 그가 잠자며 누워 있는 곳에서 그를 일깨울 뿐만 아니라, 또한 그가 잠재적으로 깃들어 있지 않은 곳에 어떻게 그녀가 그녀의 기적적인 작용에 의해 그를 도달하게 하는지를 보여주고자 하였다. 그러고 나서 나는 이 소네트를 썼는데, 그것은 이렇게 시작한다. "눈에 나의 숙녀는."

눈에 나의 숙녀는 **사랑**을 싣고 가는데,
그것을 통해 그녀가 바라보는 것마다 고귀하게 된다.
그녀가 어디로 걷든지, 모든 남자의 시선은 그녀를 향하고,
그녀가 인사를 건네는 모든 남자의 마음은 떨게 되어,
남자는 그의 얼굴을 내리깔고 완전히 창백해지고,
그 다음, 그에게 결여되어 있는 것을 갈망하며 한숨 짓는다.
오만과 분노는 그녀 앞에서 자취를 감춘다.
나를 도와, 숙녀들이여, 그녀를 존중하라.
모든 감미로움과 모든 겸허한 생각은
그녀의 말을 듣는 이의 마음속에서 솟아오른다.
그녀가 엷은 미소를 지을 때 그녀가 짓는 모습은
말로 표현할 수도 마음속에 담아둘 수도 없어라,
그것은 그처럼 야릇하고 고귀한 기적이어라.

이 소네트는 세 부분으로 나뉘어 있다. 첫째 부분에서 나는 어떻게 이 숙녀가 지극히 고귀한 기관인 그녀의 눈을 수

단으로 하여 그 잠재성을 활동력으로 전환하는지를 말하고 있다. 셋째 부분에서, 지극히 고귀한 모습인 그녀의 입술에 대해 똑같은 것을 말하고 있다. 그리고 이 두 부분들 사이에 간략한 한 부분이 있는데, 그것은, 위와 아래의 부분한테 도움을 청하고 있는데, 그것은 "나를 도와, 숙녀들이여" 하고 시작한다. 셋째 부분은 "모든 감미로움과" 하고 시작한다. 첫째 부분은 셋으로 세분된다. 첫째에서, 나는 그녀의 미덕으로 인해 어떻게 그녀는 바라보는 모든 것을 고귀하게 만드는지를 말하고 있는데, 이것은 그녀가 **사랑**이 아직 깃들지 않은 곳들에 사랑의 잠재성을 도입하고 있다고 말하는 것과 맞먹는다. 둘째에서, 나는 어떻게 그녀가 **사랑**을 그녀가 바라보는 사람들의 마음속에 심어 활성화시키는지를 말하고 있다. 셋째에서, 나는 그 다음으로 그녀는 그녀의 미덕을 매개로 하여 그들의 마음속에 무슨 변화를 몰고 오는지를 말하고 있다. 둘째에서 "…… 그녀가 어디로 걷든지"로 시작하고, 셋째에서 "…… 모든 남자의 마음은"으로 시작한다. 뒤에 가서, 내가 "나를 도와, 숙녀들이여……"라고 말할 때, 내가 누구에게 말을 건네려는 의도를 품고 있는지를 명백히 하는데, 즉 숙녀들이 나를 도와 그녀를 존중해 줄 것을 요청하고 있는 것이다. 또 뒤에 가서, 내가 "모든 감미로움"을 말할 때, 나는 첫째 부분에서 진술한 바와 같은 것을 말하고 있는데, 즉 그녀 입술의 두 행동, 하나는 그녀의 감미로운 언사이고 다른 하나는 그녀의 주목할 만한 미소인 것이다. 여기서 예외로 할 것, 즉 미소가 다른 사람들의 마음을 어떻게 감동시키는지 알 수 없는 것은,[58] 내가 그것 또는 그것의 효과를 나의 지적 능력[59]으로는 파악할 수 없기 때문이다.

XXII

이 일이 있은 지 며칠밖에 안 되어, 큰 기적이라고 할 지극히 고귀한 베아트리체의 부친이신 영광의 대감[60]이 닥쳐오는 죽음을 마다하지 않고 받아들여, 이 세상을 떠나 진실로 영원한 영광 속으로 타계하셨다. 그리하여, 그런 이별은 타계한 이의 친구들 그리고 뒤에 남겨진 이들에게 고통을 주었다. 또한 선(善)한 아버지와 선한 자식의 관계만큼 친밀한 것은 없다

---

58 단테(1265~1321)보다 200여년 늦게 태어난 레오나르도 다 빈치(1452~1510)의 명화 모나리자(Mona Lisa)를 연상시킴.

59 원문에 'memoria 기억'으로 되어 있는데, 고대 철학에서 '기억'은 '지적 능력'을 지칭함.

60 원문에 'glorioso sire 영광스러운 대감, 부조(父祖)'는 거의 'Lord 대신(大臣)'에 가까운 칭호인데 베아트리체의 부친이자 은행가였던 폴코 포르티나리(Folco Portinari)로 확인되고, 그가 남긴 유서에는 그녀 외에 두 딸과 세 아들이 언급되어 있음.

고 많은 사람이 믿었기에, 그리고 그 아버지와 그 숙녀는 더욱더 그러했기에, 그녀의 마음은 쓰라린 슬픔으로 차 있었다는 것은 명백하다. 그리고 앞서 말한 도시의 관습에 따라 그런 슬픈 경우에, 여자들은 여자들끼리, 남자들은 남자들끼리 모이곤 했던 만큼, 베아트리체가 애처롭게 울고 있던 곳에, 많은 여인들이 모였었다. 여러 여인들이 그녀의 집에서 되돌아가는 것이 보였고, 지극히 고귀한 그 숙녀가 얼마나 애달파하는지 그녀들이 말하는 소리가 들렸다. 내가 들은 말 가운데 이런 말이 있었다. "정말이지, 그녀가 너무나 애처롭게 울고 있어서 보는 이는 애간장이 터질 것 같았지." 그러면서 여인들은 지나갔고, 나는 너무나 슬픔에 잠겨 손을 눈에 자주 갖다 대어 눈물범벅이 된 내 얼굴을 감추었다. 그리고 상가(喪家)를 떠나는 대부분의 여인들이 지나가던 길목에 서서 내가 그녀에 관해 더 들어볼 희망이 없었다면, 나는 눈물이 쏟아졌던 그 순간에 숨어버리고 말았을 것이다. 그리고 내가 같은 장소에 그렇게 서 있던 동안, 더 많은 여인들이 말을 서로 주고받으며 지나갔는데, 다음과 같은 말도 들렸다. "그 숙녀가 그처럼 애처롭게 말하는 것을 들었으니, 이제 우리가 어떻게 다시 행복할 수가 있겠어요?" 그녀들 다음으로 다른 여인들이 지나가며 이렇게 말했다. "여기 이 사람은 마치 우리가 그녀를 본 것처럼 울고 있네." 좀 뒤에, 다른 여인들이 나에 관해 말했다. "이 사람을 봐요, 너무 변해버려서 같은 사람으로 보이질 않아요!"그렇게 이 여인들이 지나감에 따라, 내가 방금 언급했듯이 나는 그녀와 나에 대해 말하는 것을 들었던 것이다. 그리하여 후에 이것을 곰곰이 생각하고 나서, 쓸 가치가 충분히 있다고 생각하여 시를 쓰기로 작정하였다. 거기에 내가 들은 바그녀들이 말한 모든 것을 포함하고자 하였다. 그리고 질문이무분별하다고 비난 받지 않는다면, 내가 그녀들에게 기꺼이물어보았을 것이기에, 나는 많은 자료를 동원하여 내가 그녀들에게 묻고 그녀들이 내게 대답한 듯이 썼다. 그리고 나는 소네트 두 편을 썼다. 첫째에서, 나는 그녀들에게 내가 묻고 싶었던 질문을 던진다. 둘째에서, 그녀들이 하는 말을 들은 것을바탕으로, 나는 마치 그녀들이 내게 대답한 듯이 꾸며, 그녀들의 답변을 진술한다. 첫 번째 시는 "몸가짐이 겸손한 그대들은" 그리고 두 번째 시는 "그대는 … 가끔 논의했던 그 사람인가"로 시작한다.

> 몸가짐이 겸손한 그대들은,
> 눈을 내리깔며 슬픔을 나타내고,
> 안색은 온통 동정(同情)으로 가득 찬,
> 그대들은 어디서 오는가?
> 그대들은 우리의 고귀한 숙녀가
> 그녀 얼굴의 **사랑**을 눈물로 적시는 것을 보았는가?
> 내게 말해 다오, 숙녀들이여, 정녕 내 마음은 그렇게 말하노라.
> 보아 하니 그대들은 비근함이 없이 걷고 있도다.

그리고 그대들이 연민이 펼쳐진 곳에서 오고 있다면,
여기 나와 함께 잠시 머물러 주었으면 좋겠고,
그녀에 관해 그 어느 것도 내게 숨기지 말았으면 하노라.
그대들의 눈이 눈물로 그득한 것을 나는 보고 있고,
또 그처럼 평정을 잃고 돌아오는 것을 보고 있노라.
하여 내 마음은 그 많은 것을 보고 떨고 있노라.

이 소네트는 두 부분으로 나뉘어 있다. 첫째 부분에서,
나는 그 여인들을 소리쳐 부르며 그녀들이 그녀의 집에서 돌
아오고 있는지 묻고 있고, 그녀들이, 말하자면, 고귀하게 되
어 돌아오는 것으로 보아, 내 말이 맞을 거라고 그녀들에게 말
하고 있다. 둘째 부분에서, 나는 그녀들에게 그녀에 관해 내게
말해 달라고 간청한다. 둘째 부분은 다음과 같은 말로 시작한
다. "그리고 그대들이 …… 오고 있다면."

여기, 내가 위에서 언급한 한 대로, 둘째 소네트가 있다.

그대는 우리의 숙녀에 관해, 우리들에게만,
자주 논의하였던 그 사람인가요?
그대의 목소리는, 실로, 그이의 목소리와 같아요.
그러나 그대의 얼굴에는 다른 이의 얼굴이 보이네요.
그리고 왜 그대는 그토록 애틋하게 울면서
다른 이들이 그대에 대해 연민의 정을 느끼게 하나요?
그대가 슬픔을 전혀 마음속에 감추지 못하는 것이,

그대는 그녀가 우는 것을 보았던가요?

우리는 울면서 슬픈 표정으로 돌아다니기로 해요,

(우리를 조금이라도 위로하는 이는 죄를 짓는 것이에요.)

정녕 우리는 그녀가 울면서 말하는 소리를 들었어요.

연민은 그녀의 얼굴에서 너무나 역력해서

그녀가 있는 가까운 곳에서 그녀를 바라보기를 원했던 자는

그 누구라도 울면서 죽고 말았을 것이에요.

이 소네트에는 네 부분이 있는데, 내가 대신 대답해 주고 있는 숙녀들이 사용하고 있는 네 서법(敍法)과 일치한다. 그리고 이것들은 위에서 상당히 명료하게 구사되었기 때문에, 나는 그 부분들의 의미를 신경 써서 설명하지는 않지만, 단지 구별은 하고자 한다. 둘째 부분은 "그리고 왜 그대는 …… 울면서", 셋째 부분은 "우리는 울면서", 넷째 부분은 "연민은 …… 그처럼 역력해서"로 시작한다.

XXIII

그 후 며칠이 지나, 내 몸 구석구석마다 어떤 고통스러운 병에 의해 시달리게 되는 일이 생겨서, 나는 아흐레 동안 줄곧 격심한 고통을 겪었다. 이것으로 인해 나는 너무나 허약

해져서 몸을 까딱할 수도 없는 사람들 모양 침상에 누워 있어야만 했다. 내 생각에 9일째 되는 날, 나는 거의 견딜 수 없는 고통을 느낄 때, 나의 숙녀에 관한 어떤 생각이 일었다. 그리고 얼마 동안 그녀에 관해 생각하다가, 다시 나는 나의 허약해진 몸 상태에 관해 곰곰이 생각하게 되었다. 내가 설령 건강하다 해도, 삶의 존속기간은 얼마나 짧은가를 새삼 깨닫고, 나는 그런 비참함을 생각하며 마음속으로 울기 시작했다. 그래서 깊은 한숨을 내쉬며, 나는 혼자 중얼거렸다. "필연적으로, 지극히 고귀한 베아트리체도 언젠가는 죽고 말 것이다." 그리고 이런 생각은 너무나 끔직한 혼란을 가져와서, 나는 눈을 감고 어느 실성한 사람처럼 시달리다가 다음과 같이 상상하기 시작했다. 내 마음이 방황하기 시작할 즈음, 헝클어진 머리를 한 여인들의 모습이 나타나서 내게 말하는 것이었다. "그대 또한 죽을 것이네." 그 여인들 다음으로 보기에 끔찍한 또 다른 얼굴들이 여러 형태로 나타나며 내게 말하는 것이었다. "그대는 죽었네." 내 상상이 그런 식으로 방황하는 동안, 나는 어디인지도 모르는 곳으로 멀리멀리 갔다. 그리고 머리가 헝클어진 여인들이 눈물을 흘리며 기이하게 슬픈 표정을 지으며 길 아래로 걸어가고 있는 것이 보였다. 태양이 어둑어둑해질 때, 별들이 나타났는데, 별빛으로 인해 그녀들이 울고 있다고 상상한 것 같았다. 그리고 공중을 나는 새들이 떨어져 죽고, 강력한 지진이 일어나고 있는 것 같았다. 그러한 기상(奇想)들에 놀라워하고 또 지극히 두려워하고 있었는데, 한 친구가 내게 와서 다음과 같이 말한 듯하였다. "그대는 아직도 모르고 있는가? 그대의 주목할 만한 숙녀는 이 세상을 떠났네." 그때 나는 아주 애처롭게 울기 시작했다. 나는 나의 상상력 속에서만 울고 있었던 것이 아니라, 실제로 내 눈은 눈물범벅이 되어 있었다. 내가 하늘을 쳐다보고 있다고, 또 한 무리의 천사들이 저 위를 향해 귀환하고 있다고 생각했다. 그리고 그들 앞에는 아주 흰 구름 한 점[61]이 있었다. 내게는 이 천사들이 영광스럽게 노래하고, 내가 들은 그들의 찬송가의 노랫말은 다음과 같다고 생각했다. "가장 높은 곳에 호산나!"[62] 그리고 내게는 그것 외에 아무것도 들리지 않는 것 같았다. 그때 너무나 많은 사랑이 자리 잡고 있던 내 심장이 내게 이렇게 말한 것 같았다. "우리의 숙녀가 죽어서 누워 있는 것은 사실이에요." 그렇게 해서 내가 직접 가서 그 지극히 고귀하고 축복받은 영혼을 담지(擔持)하고 있었던 신체를 보아야겠다고 생각하였다. 그리고 나의 거짓된 상상력은 너무나 강해서 나에게 그 죽은 숙녀를 보여 주었다. 나는 여인들이 그녀를 (즉 그녀의 머리를) 흰 베

---

61 이 장면은 괴테의 희곡《파우스트》의 마지막 장면을 연상시키는바, 거기서도 천사들이 주인공의 'Unsterbliches 불멸적인 것', 즉 그 원현을 하늘 위로 운반함.

62 예수가 예루살렘으로 가는 길에서 사람들이 칭송으로 던진 말. 〈마가복음〉 11. 10. "복되어라! 다가오는 우리 조상 다윗의 나라여! 가장 높은 곳에서, 호산나!"

일로 감싸고 있는 듯했다. 그리고 그녀의 얼굴에는 그처럼 겸허한 빛이 흘러넘쳐서 다음과 같이 말한다고 생각하였다. "나는 이제 평온의 시작을 보고 있네요." 그런 상상력 속에서, 그녀를 보니 내 마음이 겸허함으로 그득 차서 나는 죽음을 불러대며 이렇게 말했다. "가장 감미로운 죽음이여, 내게로 오라, 그리고 내게 냉혹하지 마라, 그도 그럴 것이, 그대가 갔던 데[63]를 생각하면, 그대는 겸허해질 수밖에 없으니 말이다! 이제 내게로 오라, 정녕 나는 그대를 무척 갈망하노라. 내가 이미 그대의 색채를 띠고 있으니, 그대는 내 뜻을 알겠지." 그리고 나는 죽은 이들의 신체에 관습적으로 행해지는 모든 구슬픈 과제들이 수행되는 것을 본 후, 나는 내 방으로 되돌아와서, 거기서 하늘을 올려본 듯했다. 그리고 나의 상상력은 너무나 왕성해서 나는 울면서 진정한 어조로 말하기 시작했다. "아아, 지극히 아름다운 영혼이여, 그대를 보는 이는 얼마나 축복 받는 것인가!" 그리고 내가 이런 말을 슬퍼 흐느끼며 말했고 또 죽음을 향하여 내게 오라고 청하였을 때, 내 침상 곁에 있던 젊고 온순한 한 숙녀는, 내 눈물과 말들이 단순히 나의 병고(病苦)로부터 유발된다고 생각하여, 대단히 겁에 질려 울기 시작했다. 그래서 방 주변에 있는 다른 숙녀들은 그녀가 눈물을 흘리는 것을 보고, 내가 울고 있다는 사실을 알게 되어, 그녀가

---

63 베아트리체 주변에서는 모든 것이 고결해진다는 의미.

내 곁을 떠나게 했다(그녀는 나의 가까운 친척이었다). 그들은, 내가 꿈꾸고 있다고 생각하여, 나를 깨우기 위해 가까이 다가와 이렇게 말했다. "더 자고 있지 말게," 또, "절망하지 말게." 그리고 그들이 내게 이렇게 말을 건넸을 때, 내가 이렇게 말하려는 참에 나의 상상(想像)은 중단되었다. "오, 베아트리체여, 그대는 축복 받을지어다", 나는 벌써 "오 베아트리체여" 하고 입을 떼는 순간에, 나는 소스라쳐 눈을 떴고 내가 환각 상태에 있었다는 것을 깨달았다. 그리고 내가 그녀의 이름을 소리쳐 불렀음에도 불구하고, 흐느껴 운 탓에 내 목소리는 일그러지고 깨어져서, 내 생각에, 그녀들은 내 말을 이해할 수 없었던 것 같았다. 그리고 나는 대단히 창피하게 느꼈음에도 불구하고, 사랑의 충고를 따라, 나는 그녀들을 향하였다. 그리고 그녀들이 나를 보았을 때, "죽은 사람 같네," 하며 서로에게 말하기 시작했다. "우리가 힘써 그를 위로하도록 해보세." 그래서 그들은 내게 많은 위로의 말을 했는데, 드문드문 내가 두려워하는 것이 무엇이냐고 묻기도 했다. 그래서 나는 다소 위로가 되어, 내가 상상하던 것들이 허깨비였음을 인식하며, 그녀들에게 대답했다. "나는 그대들에게 나를 괴롭힌 것이 무엇인지를 말해 주겠소." 그런 다음 내가 본 것의 자초지종을 그녀들에게 말해주었는데, 단 지극히 고귀한 숙녀의 이름은 뺐다. 얼마 후, 그 병고에서 회복하고 나서, 나는 내개 일어난 일에 대해 시를 쓰기로 작정하였다, 왜냐하면 그것은 듣기에 사랑스러운 소재(素材)였다고 생각해서였다. 그리고 나는 그것에 관해, 아래의 명확한 구분이 보여주듯, 잘 정렬하여, 이 칸초네를 썼다. "다정다감한 시기의 동정심 많은 숙녀."

다정다감한 시기의 동정심 많은 숙녀,

그녀는 인간다운 친절을 듬뿍 싣고서,

내가 자주 죽음을 찾을 때, 거기에 있었고,

내 눈에 연민이 가득 차 있는 것을 보고,

또 나의 횡설수설하는 소리를 듣고,

겁을 집어먹고 심히 울기 시작했네.

그리고 그 숙녀가 나와 함께 울고 있었기 때문에,

나를 주시(注視)하던 다른 숙녀들은

그녀를 떠나게 했고,

내게 다가와 제정신을 차리게 했네.

한 여인이 말했네, "자고 있지 말아요."

또 다른 여인이 말했네, "왜 그대는 그렇게 낙담하는가?"

그때 나는 그 야릇한 환상들을 던져버리고

내 숙녀의 이름을 소리쳐 불렀네.

내 목소리는 그처럼 슬픔에 잠겨 있었고

나의 고민하는 흐느낌에 그처럼 일그러져 있었기에,

나는 그 이름을 마음속에서만 들었네.

그리고 나의 얼굴을 그처럼 뒤덮었던,

온통 수치스러운 표정을 짓고 있던

사랑은 나를 그녀들에게 향하게 했네.

나의 얼굴빛이 보기에 그러했기에

그녀들로 하여금 죽음에 대해 말하게 했네.

"자, 우리가 그를 위로하기로 하세," 하고

한 여인이 다른 여인들을 겸손히 독려하였네.

그리고 그녀들은 여러 번 물었네.

"그대가 무엇을 보았기에 그처럼 허약해진 것인가요?"

그리고 내가 다소 위로를 받았을 때,

나는 말했다. "숙녀들이여, 나는 그대들에게 말하겠소.

내가 내 삶의 무기력함을 곰곰이 생각해 보고,

그것의 지속은 얼마나 짧은가를 깨닫고 있었는데,

내 마음속에 머물고 있는 **사랑**이 울었고

그러자 내 영혼은 너무나 혼란스러운 나머지

내 마음속에서 한숨을 지으며 말하였네.

'나의 숙녀가 죽는다는 것은 확실히 필연적이다.'

그때 나는 너무나 혼란스러워져서

겁을 먹고 무거워진 눈을 감았고

내 정기(精氣)들은

저마다 길을 잃고 당황하게 되었다네.

그때 내 상상(想像) 속에서,

지각(知覺)과 진리로부터 동떨어진 채,

나는 성난 여인들의 얼굴들을 본 듯한데, 그들은

한결같이 내게 말하고 있었지. '그대는 죽을 것이다, 죽을 것이다.'

그때 나는 아주 무서운 것들을

내 마음의 공허한 푸념들 속에서 보았네.

그리고 어딘지 모르는 곳에 와 있었는데,

머리가 헝클어진 여인들이 거리를 내려오면서, 보아하니,

어떤 이들은 흐느끼고, 또 어떤 이들은 큰 소리로 슬피 울며,

모두가 슬픔의 불길을 뿜고 있었네.

그때 내게 든 생각은 점차로

태양이 어두워지고 별이 뜨면서

태양과 별들 모두가 울고 있는 듯했네.

공중을 나는 새는 떨어지고

대지는 흔들리고 있었네.

그리고는 한 창백하고 목쉰 남자가 나타나서는

내게 말하는 것이었네. '무엇을 하고 있나? 그대는 그 소식을 듣지 못했나?

그렇게나 아름다웠던 그대의 숙녀는 죽었네.'

내가 눈물에 젖은 눈을 치켜뜨고 보자니까

마치 어느 만나의 비가 내리듯이

천사들이 하늘 위로 귀환하고 있었네.

그리고 그들은 작은 구름 한 점을 앞에 두고 있었는데,

그 뒤에서 그들은 모두 '호산나'를 소리치고 있었네.

만약 그들이 그 밖에 말한 것이 있었다면, 나는 그대들에게 말하겠지.

그때 사랑이 말했지. '나는 그대로부터 더 이상 숨기지 않네.

여기 와서 우리의 숙녀가 죽어 누워 있는 것을 보게.'

그 잘못된 환영(幻影)은

나를 인도해 나의 숙녀가 죽어 있는 것을 보게 했네.

그리고 내가 그녀를 식별하였을 때,

나는 여인들이 그녀를 하나의 베일로 덮고 있는 것을 보았네.

그리고 그녀는 참된 겸허함을 지니고 있었기에

그녀가 말하는 것 같았네. '나는 평온하다.'

나의 슬픔 속에서 나는 그처럼 겸허하게 되었는데, 그것은

그렇게 지대한 겸허가 그녀 속에서 모양을 취했기 때문이네,

그래서 나는 말했네. '**죽음**이여, 나는 그대를 감미롭다고 생각하네.

그대는 나의 숙녀 곁에 갔었기 때문에,

그대는 이제 상냥해졌음이 분명하네,

그러니 그대는 연민을 느껴야지, 경멸은 안 맞네.

그대는 보고 있지, 내가 그대에게 속한 자가 되기를

그처럼 갈망하고 있어 나는 정말 그대를 닮아가고 있네.

오라, 정녕 내 마음은 그대를 요구하고 있도다.'

그때 나는 온갖 슬픔에 지쳐 거기를 떠났네.

그리고 내가 혼자 있게 되었을 때,

저 높은 왕국을 쳐다보며 말했네.

'아름다운 영혼[64]이여, 그대를 보는 자는 복 받을지어다!'

그때 그대들 숙녀들이 내게 소리쳤고, 나는 그것에 감사하네."

이 칸초네에는 두 부분이 있다. 첫째 부분에서, 나는 어느 비(非) 특정인에게 말을 건네면서 어떻게 몇몇 부인들에 의해 내가 공허한 상상으로부터 구제되었는지를 또 어떻게 내가 그녀들에게 그것을 다시 얘기하겠다고 약속했는지를 말하

---

64 원문의 'anima bella 아름다운 영혼'은 18세기 말 독일 작가 쉴러와 괴테의 미학에서 핵심 역할을 하는 개념.

고 있다. 둘째 부분에서, 나는 내가 그들에게 얘기한 바를 다시 말하고 있다. 둘째 부분은 다음과 같은 말로 시작한다. "내가 …… 곰곰이 생각해 보고." 첫째 부분은 두 쪽으로 세분된다. 첫째 쪽에서, 나는, 나의 정상적인 심리상태를 회복하기 전에, 몇 여인들과 특히 한 여인이 내가 상상하는 것들에 대해 무슨 말과 행동을 하였는지를 보고하고 있다. 둘째 쪽에서, 내가 이 정신 나간 행동을 떨쳐버린 후, 그 여인들이 내게 무슨 말을 했는지를 보고하고 있다. 그리고 그 부분은 "내 목소리는 …… 잠겨 있었고"로 시작한다. 뒤에 가서 "내가 내 삶의 무기력함을 곰곰이 생각해 보고" 말할 때, 나는 어떻게 나의 그런 환상들을 그녀들에게 다시 얘기해주었는지를 전달하고 있다. 그리고 나는 이 부분을 두 쪽으로 나누고 있다. 첫 쪽에서, 나는 이 환상들을 차례대로 서술한다. 둘째 쪽에서, 나는 그녀들이 어떤 시점(時點)에서 나를 불렀는지를 말하고, 간접적으로 그녀들에게 감사한다. 그리고 이 부분은 다음 말로 시작한다. "그때 그대들 숙녀들이……"

XXIV

이렇게 제정신이 아닌 꿈을 꾼 후 어느 날, 내가 어디에

선가 생각에 잠겨 앉아 있노라니까, 마치 내가 나의 숙녀 곁에 와있는 것처럼, 마음속에서 떨리는 것을 느꼈다. 그때, **사랑**의 환영(幻影)이 내게 온 것 같았다. 그가 나의 숙녀가 있었던 곳으로부터 와서는, 마음속에서 기쁘게 말하는 것 같았다. "내가 그대를 사로잡았던 날을 축복하도록 신경써주게. 그대는 의당히 그렇게 해야 하네." 그러자 내 마음이 기뻐서, 너무나 기뻐서, 그렇게 변해버리니, 내 자신의 마음이라고는 믿을수가 없었다. 그리고 내 마음이 이런 말들을 **사랑**의 혀로 내게 말하고 나서 얼마 안 되어, 아름다움으로 유명했던 한 고결한 부인이 내게 다가오는 것을 보았는데, 그녀는 오래 전에 나와 가장 절친한 친구의 애인이었었다. 숙녀의 이름은 지오반나(Giovanna)였다. 사람들이 믿듯이, 그녀가 지닌 아름다움으로 인해 그녀에게는 '봄철'을 뜻하는 프리마베라(Primavera)라는 별칭이 붙여졌고, 그녀는 보통 그 이름으로 통했다. 그리고 그녀 뒤에서, 내가 쳐다보니, 기적(奇蹟) 같은 베아트리체가 오고 있는 것이 보였다. 이 숙녀들은 그렇게 줄줄이 내게 다가왔고, 그리고 사랑은 내 마음속에서 이렇게 말을 건네는 것 같았다. "첫 번째 여인은 오직 오늘 여기에 도착하는 방식 때문에 프리마베라라고 명명(命名)되고 있네. 정녕 나는 그녀에게 그와 같은 별명을 붙여 준 사람으로 하여금 그녀를 프리마베라라고 부르도록 유도하였지, 그것은 베아트리체가 그녀 열애가의 환상에 따라 모습을 보이는 바로 그날에 prima(먼

저) verrà(올 것이다) 하기 때문이네. 그리고 만약 그대가 그녀의 이전 이름에 대해서도 생각해 보기를 바란다면, 그것 또한 '그녀가 올 것이다'라는 뜻을 품고 있네. 왜냐하면 지오반나(Giovanna)란 이름은 그 참된 빛을 선행(先行)하였던 지오반니(Giovanni 요한)에서 나오기 때문이고, 세례 요한이 이렇게 말했던 것이네. '나는 광야에서 소리치는 자의 목소리이다, 너희는 주(主)의 길을 준비하라.'[65] 그리고 나는 또한 그가 이런 말도 했다고 생각했다. "만약 그대가 그것에 대해 주의 깊게 생각해 보기를 마다하지 않는다면, 숙녀 베아트리체는 **사랑**이라고 불리어질 것이네, 나와 대단히 닮았으니 말이지." 그래서 좀 있다가, 나는 이것을 다시 곰곰이 생각하고, 가장 절친한 친구에게(온당치 않다고 생각되는 말들은 생략하고), 그의 마음은 여전히 고귀한 프리마베라의 아름다움을 찬미하고 있을 것이라 생각하며, 시(詩)를 써 보내기 작정했다. 그리고 나는 이 소네트를 썼는데, 그것은 이렇게 시작한다. "나는 …… 깨어나는 것을 느꼈네."

> 나는 내 마음속에서 잠자고 있던 사랑의
> 정기(精氣)가 깨어나는 것을 느꼈네.
> 그리고 내가 그때 **사랑**이 먼데서 오는 것을 보았을 때,

65　해당 원문의 라틴 문구. "Ego vox clamantis in desrto! parate viam Domini." 〈마태복음〉, 3. 3 참조.

그의 명랑한 모습에 나는 거의 그를 알아보지 못했네.

그가 말했네. "이제 나를 존중하는 것을 그대의 업무로 만들게."

그리고 그의 단어 하나하나에 미소를 지었네.

그리고 나의 나리가 나와 함께 얼마 동안 같이 있은 후,

내가 그가 걸어왔던 방향을 바라보았을 때,

나는 숙녀 **반나**와 숙녀 **비체**[66]가

내가 서있던 곳을 향해 오고 있는 것을 보았는데,

한 경이로움이 다른 경이로움을 뒤따르는 것이었네.

그리고 나의 기억력이 나에게 상기시켜 주는바,

사랑은 내게 말했지. "저 여인은 봄철이네,

그리고 저 여인은 **사랑**이네, 그녀는 나를 빼닮았지."

이 소네트는 여러 부분을 지니고 있다. 첫째 부분은 습관적인 두근거림이 내 마음속에서 일어난 것을 내가 어떻게 느꼈는지를, 그리고 어떻게 사랑이 멀리서 기쁜 낯을 하고 내 마음속에 나타난 것처럼 말해준다. 둘째 부분은 어떻게 **사랑**이 내 마음속에서 내게 말을 건네고 있는 것처럼 또 그가 어떤 모습이었는지를 말해준다. 셋째 부분은, 그가 그런 식으로 얼마 동안 나와 함께 있은 후, 내가 어떤 것들을 어떻게 보고 들었는지 말해준다. 둘째 부분은 "그는 말했네. '이제 ……업무로 만들게'"로, 셋째 부분은 "그리고 나의 나리가 …… "로 시

---

66 원문에 'Vanna'와 'Bice'로 나와 있는데, 이는 'Giovanna'와 'Beatrice'를 의미함.

작한다. 셋째 부분은 두 쪽으로 세분되어 있다. 첫 번째 쪽에서, 내가 무엇을 보았는지를 말하고 있다. 두 번째 쪽에서, 내가 무엇을 들었는지 말하고 있다. 두 번째 쪽은 "**사랑**은 내게 말했지"로 시작한다.

XXV

이 시점(時點)에서 의문이 나는 모든 점들에 대해 설명을 들을 자격이 있는 사람들은 족히 주저할 수도 있을 거다. 그도 그럴 것이, 내가 사랑에 관해 말할 때, 그것이 그 자체로 사물(事物)인 듯이, 즉 단순히 정신적 구성(構成)[67]일 뿐만 아니라 유형(有形)의 실체인양 말하고 있기 때문이다. 엄격한 진실 규명에 있어, 이것은 잘못이다. 정녕 사랑은 그 자체로서 존재하는 어떤 실체가 아니고, 실체의 비본질적 국면이라고 할 수 있는 어떤 우유성(偶有性)이다. 그리고 그것이 마치 육체를 지니고 있는 양, 더 나아가 남자인 양, 내가 그것에 관해 말하고 있는 것은, 그것 또는 그에 관해 말하는 세 가지 사항들에 의

---

67 원문에서 '실체 substanzia'의 개념을 명확히 구분하고 있는 것은 현대미학에서의 '구성 construct'과 '실체 substance'의 구분을 선취하고 있다는 점에서 단테의 명확한 철학적 규명이 돋보임.

해서 명확해진다. 나는 그것이 오고 있다고 말하고 있다. 그러니까, 온다는 것이 공간에서의 운동을 지칭하고, 그 철학자 [68]에 의하면, 단지 체(體)들만이 자신의 힘으로 공간에서 운동을 할 수 있다는 점에서, 나는 명백히 사랑이 체를 지니고 있는 것으로 단정하고 있는 것이다. 나는 또한 그가 웃고 있었다고 또 그가 말하고 있었다고 말하는데, 이런 사항들은 인간에게 특유한 것이고, 특히 웃을 수 있는 능력이 그렇다. 그런 연유에서 나는 그를 인간적이라고 단정하고 있는 것이다. 현재로서는 그러한 사항들을 적합한 범위 내에서 설명하기 위해서, 나의 독자들에게 먼저 상기시켜야 할 것은, 옛적에는 통속 지방어를 사용하는 사랑의 음유시인들이 없었다는 사실이다. 보다 정확히 말하자면, 단지 라틴어로 글을 쓰는 몇몇 시인들만이 사랑이라는 소재를 다루었다. 희랍에서 이러한 소재들은 지방어를 쓰는 시인들이 아니라 문학적 언어로 글을 쓰는 이들에 의해 취급되었던 것과 같이, 내 생각에, 그런 일이 우리 나라에서[69] 일어났고 또 아직은 그렇게 지속되겠지만, 이건 다른 나라들에서도 관찰되는 현상인 것이다.[70] 그리

---

68 아리스토텔레스를 의미하며 단테는 라틴어 번역본을 읽고 있었음.

69 원문에 'tra noi 우리 가운데서'라고 표현되어 있는데, 단테의 생존 당시에는 이탈리아가 정치적으로도 또 언어적으로도 통일되어 있지 않았기에, 단테는 그렇게 표현할 수밖에 없었음.

70 피렌체(Firenze)의 귀족가문에서 태어나 라틴어로 교육받은 단테가 그의 활동지역인 토스카나(Toscana)의 지방어를 그의 문학 언어로 채택하여, 그것이 후

고 몇 년 전에야 겨우 그런 지방어 시인들이 우리 주변에 나타났다. 그도 그럴 것이 지방어로 운이 맞는 시를 쓴다는 것은 라틴어로 율격이 맞는 시를 쓰는 작업과 거의 맞먹는다. 그리고 우리가 프로방스 말과 이탈리아어로[71] 적힌 작품들을 조사해 보면, 백오십 년 이전에는 자료를 찾아볼 수 없다는 것이 그런 현상이 일어난 지가 얼마 안 되었다는 신호이다. 그리고 몇 안 되는 세련되지 못한 사람들이 시를 쓸 줄 안다는 평판을 얻게 된 이유는 그들이 실제로 이탈리아어로 시를 쓴 첫 번째 사람들이었다는 것이다. 그리고 지방어 시인으로서 시를 쓰기 시작한 첫 번째 사람은 그의 시어(詩語)들이 어느 숙녀에 의해 이해되기를 바랐기 때문에 그렇게 하게 되었던 것이다. 왜냐하면 그녀에게 라틴어 율격의 시는 이해하기가 어려웠기 때문이었다. 그리고 이런 심정 토로의 방식은 원래 사랑에 관해 말하도록 고안되었기 때문에, 사랑을 빼놓고 어느 주제에나 운을 맞출 줄 아는 이들과는 극명한 대조를 이룬다. 그런 고로, 언어 표현에 있어 시인들은 산문의 저자들보다 운신의 폭이 더 많이 허용되기에, 또 이 운문의 저자들과 지방

에 이탈리아어의 기본으로 채택되었고 정치적으로도 이탈리아 통일에 기여했다는 것은 주목할 사항임.

71 원문에 'in lingua d'oco e in quella di sì'로 나와 있는데, 프랑스의 남부 지방에서 '네, 그래요' 하는 것을 'hoc'라 하였고, 이탈리아 지방에서는 라틴어의 'sic 이렇게'에서 '그렇소'하는 것을 'sì'로 표현하였기에, 프랑스어를 'Languedoc'로, 이탈리아 말을 'lingua di sì'로 불렀음.

어 시인들은 결국은 같은 사람들이기에, 다른 지방어 저자들보다 그들에게 시적 표현에 있어 더 많은 자유가 허용되어야 한다는 것은 온당하고 합리적이다. 따라서, 만약 어떤 형상화(形象化)나 수사학적 비유가 라틴어 율격을 구사하는 시인들에게 허용된다면, 그것은 운 맞추는 자들에게도 허용되는 것이다.[72] 그런 고로, 만약 우리가 율격 시인들이 생명이 없는 물체들에, 마치 그것들에 감각과 이성(理性)이 있는 듯이 말을 건넸고, 또 그들이 서로서로, 또 실재하는 사물들과 실재하지 않는 사물들까지 포함해서, 말을 건네게 했던 것을 관찰한다면, 즉, 만약 우리가 존재하지 않는 사물들이 말하고 또 사물들의 많은 우발적 국면들이, 마치 그들이 실체들이고 인간들인 양, 말을 하고 있다고 말했다면, 지방어 시인들 또한 똑같은 것을 수행한다고 대접 받을 자격이 있는 것이다. 물론 거기엔 어떤 기초가 되는 추리가 빠져서는 안 된다. 즉 거기엔 어떤 논리가 있어야 하고, 그래야 그것을 나중에 산문으로 상술(詳述)하는 것이 가능하다. 율격 시인들이 내가 말한 대로 기술(記述)하였다는 것은 베르길리우스(Vergilius)[73]에서 잘 드러난다. 그는 주

---

72 단테는 스콜라(schola)의 입장에서 이탈리아어 시를 옹호하는 것임.

73 원문에는 'Virgilius'로 적혀 있는데, 라틴어명은 'Vergilius'(70~19 B.C.)이고 알프스 이남 만투아(Mantua)에서 태어난 로마의 시인. 농부가(Georgica)와 로마 건국을 노래한 미완성의 《아이네이스》가 있음

노(Juno),[74] 즉 트로이 인들에게 적대적인 여신이, 바람의 신인 아이올로스(Aeolos)에게,—《아이네이스 Aeneis》의 제1서(書)에서,—"아이올로스여, 그대가 좀 ……" 하고 말했고, 바람의 신은 그녀에게, "오 여왕이여, 당신이 원하는 것을 결정하는 것은 당신의 몫이고, 나의 의무는 그런 명령들을 수행하는 것이오·[75]라고 대답했다고 기술하고 있다. 같은 시인의 경우에,《아이네이스》의 제3서에서, 생명을 지니지 않은 물체가 생명을 지닌 대상(對象)들에게, "다르다누스[76]의 후손들이여," 하고 말을 건네고 있는 것이다. 루카누스(Lucanus)[77]의 경우엔, 생명체가 생명을 지니지 않은 대상에 다음과 같이 말을 건네고 있다. "그렇다 해도, 로마여, 그대는 시민전쟁에 상당한 빚을 지고 있네." 호라티우스[78]의 경우엔, 인간이 지식 그 자체에게, 마치 그것이 다른 인격체인 양, 말을 건네고 있는 것이다. 그리고 이 말들은 단순히 호라티우스의 말들이 아니라, 그것들

---

74 주피터의 아내로 결혼의 여신.

75 《아이네이스》I, 65를 볼 것.

76 원문의 'Dardanus'는 토로이의 창건자로서 그의 후손은 트로이 인들을 의미하고, 이것은 생명체가 아닌 태양신 포이부스가 트로이 인들에게 말을 건네는 장면. Ⅲ, 94를 볼 것.

77 루카누스(Lucanus 39~65 A.D.)는 로마의 시인으로 카이사르와 폼페이우스의 결전을 그린 서사시《파르살리아 Pharsalia》를 지었고, 본문에 해당되는 장면은 〈파르살리아〉 I, 44.

78 호라티우스(Horatius 65~8 B.C.)는 로마 시인으로 베르길리우스의 친구고, 두 시인들은 아우구스투스(Augustus) 황제의 보호를 받음.

을 그의 저술《시론 Poetria》에서 저 훌륭한 호메로스(Homeros)
로부터 인용된 것으로 진술하고 있다. "뮤즈여, 그 사람에 대
해 말해다오."[79] 오비디우스[80]의 경우엔, 〈**사랑**의 구제(救濟)를
위해〉[81]라고 불리는 책의 서두에서, 마치 사랑은, 마치 사람
인양, 다음과 같이 말하고 있다. "'내가 보아하니, 나를 대적
해 전쟁이 준비되고 있구나,' 하고 그가 말한다." 그리고 이로
써 내 소책자의 어느 부분에 대해 의문을 품은 사람 누구에게
든지 그러한 서술 기법이 명료해질 수가 있겠다.[82] 그리고 어
느 세련되지 못한 사람이 이런 지론(持論)으로 인해 무모하게
담대하지 않도록, 나는 저 옛날의 율격 시인들이 어떤 정당한
사유 없이는 그런 식으로 사물들을 표현하지 않았다는 사실
을 주장한다. 또한 오늘날의 운(韻) 맞추는 가인(歌人)들도 그들
이 말하는 것에 바탕에 깔려 있는 어떤 논리성이 없이는 그런
식으로 말해서는 안 될 것이다. 왜냐하면, 심상(心象)과 수사학

---

79 시론은《Ars poetica》로 알려져 있고, 여기에 인용된 시구(詩句)는 유명한 호
메로스의 서사시《오뒤세이아》의 첫 행이고,《시론》141에서 인용됨.

80 오비디우스(Ovidius 43 B.C.~18 A.D.)는 로마 시인으로《변신들
Metamorphoses》로 유명함.

81 원문에《Libro di Remedio d'Amore》로 되어 있는데, 라틴어 제목인《De
reemedio amoris》I. 2를 볼 것.

82 단테는 문학에서 통용되는 허구와 실상의 관계와 그 사이에 내재하는 미학적
(美學的) 내지는 철학적 의미를 부각시키고 있는데, 이러한 시도는 어느 의미에서
20세기에 와서야 자리매김을 한 '탈신화적' 담론을 선취하고 있다고 사료됨. 루돌
프 불트만(Rudolf Bultmann) 참조.

적 비유들을 활용하는 시들을 쓴 어느 사람에게, 만약 그가 뒤에 가서 질문을 받고 말의 참뜻이 명료하도록 말에서 장식적 옷을 벗길 수가 없다면, 그것은 매우 수치스러운 일이 되고 말 것이기 때문이다. 그리고 나와 나의 절친한 친구 또한 그런 어리석은 시구(詩句)들을 쓰는 사람들을 잘 알고 있다.

XXVI

요 앞선 시에서 언급했던 이 지극히 고귀한 숙녀는 너무나 대중들의 총애를 받게 되어서, 그녀가 거리를 내려가면 사람들은 뛰쳐나가 그녀를 바라보곤 하였다. 이것은 내게 그지없는 기쁨을 안겨 주었다. 그리고 그녀가 어떤 사람 가까이에 접근하면, 그는 너무나 겸허한 느낌이 마음을 가득 채워 감히 눈을 들어올리지도, 그녀의 인사에 답례하지도 못했다. 그리고 이것을 실제 경험했던 많은 이들은, 누가 그것을 의심이라도 하려하면, 그런 사실을 증언할 수 있었다. 그녀는 겸손의 영관(榮冠)을 쓰고 겸손의 의상(衣裳)을 입고, 이리저리 돌아다니며, 그녀가 보고 듣는 것에 대해 거짓 없는 긍지(矜持)를 내보였다. 그녀가 지나간 후에, 많은 이들이 말하곤 하였다. "그녀는 여인이 아니네, 그녀는 저 천상에 있는 아주 아름다운 천사들 중 하나야." 또 다른 이들이 말했다. "그녀는 하나의 기적이지. 그런 기적을 행하실 수 있는 주 하나님이 축복받을진저!" 그녀 자신이 그렇게 고귀하고 온갖 기쁨으로 가득찬 모습을 보여주었기 때문에, 그녀를 바라보는 이들은 자신들의 마음속에서 그런 겸허하고 고결한 감미로움을 느꼈으나, 그것을 말로 표현할 수가 없었다고 나는 주장하는 것이다. 또는 순간적으로 숨이 꺼질 것만 같은 한숨을 쉬지 않고 그녀를 바라볼 수 있는 사람은 없었다. 그와 같은 일들이 그리고 더 주목할 만한 일들이 그녀의 미덕으로부터 발산하였다. 그래서 그런 것을 염두에 두고 그리고 다시 한 번 철필을 잡고 그녀를 칭송하고 싶은 욕망에서, 나는 그녀의 경탄할 만하고 뛰어난 영향력들 중 어떤 것들을 표현해내려고 시(詩) 한 편을 쓰기로 작정하였다. 그렇게 해서 그녀를 자기들 눈으로 직접 볼 수 있었던 사람들뿐만 아니라 다른 사람들까지도, 나의 필력(筆力)이 전달할 수 있을 만치 많은 것을 그녀에 관해 알게 하도록 함이었다. 그때 나는 이 소네트를 썼고, 이것은 이렇게 시작한다. "너무나 고귀하고."

너무나 고귀하고 너무나 겸손한 모습으로 나타난
나의 숙녀가 다른 이들에게 인사할 때,
모든 혀는 떨리고 벙어리가 되고,
그들의 눈들은 감히 그녀를 바라보지 못하네.

그녀는 자신을 칭찬하는 소리를 들으면서

단정히 겸허의 옷차림으로 지나가네.

그리고 그녀는 한 기적을 시현(示現)하기 위하여

하늘에서 지상으로 내려온 어떤 존재같이 보이네.

그녀는 그녀를 바라보는 이들에게 기쁨으로 나타나,

그녀의 눈을 통해 감미로움이 우리 마음에 전달되네.

그것을 경험하지 못한 이는 그것을 이해하지 못하네.

그리고 그녀의 입술로부터 흘러나오는 듯, 그것은

사랑으로 가득찬 고결한 숨결이어라,

그것은 계속 영혼에 속삭여 오는바. "그리워하라!"[83]

Tanto gentile e tanto onesta pare[84]

la donna mia quand'ella altrui saluta,

ch'ogne lingua deven tremando muta,

e li ochi no l'ardiscon 야 guardare.

Ella si va, sentendosi laudare,

benignamente d'umiltà vestuta.

e par che sia una cosa venuta

da cielo in terra a miracol mostrare.

---

83 원문의 'Sospira'는 정확히는 '한숨 지어라'는 뜻이지만, 긍정적 문맥상으로 '동경(憧憬)'의 뜻을 내포하고 있음.

84 <Tanto gentile e tanto onesta pare>로 알려진 이 시는 단테의 가장 유명한, 아름다운 소네트로 간주되고 있는 만큼, 문체를 좀 더 가까이 느낄 수 있도록 원문을 게재함. 앞의 8행은 주제 부분을 이루고 그 다음의 6행은 종결부분이 되고, 운(韻)의 구조는 abba/abba cde/cde로 되어 있음.

Mostrasi sì piacente a chi la mira,

che dà per li occhi una dolchezza al core,

che 'ntender no la può chi no la prova.

e par che de la sua labbia si mova

un spirito soave pien d'amore,

che va dicendo a l'anima. Sopira.

이 소네트는 앞서 기술된 것을 통해 어떤 분석도 필요 없을 정도로 쉽사리 이해될 수 있다. 따라서 분석은 나두고, 내 마음의 숙녀가 너무나 엄청난 총애를 받게 되어서 그녀에게 명예와 칭송이 주어졌을 뿐만 아니라, 그녀로 인해 다른 많은 여인들 또한 영예와 칭송을 얻었다는 것을 나는 계속해서 말하려한다. 그런 연유에서. 이것을 직시하며, 이 점을 이해하지 못한 사람들에게 그 점을 분명히 해주기를 바라면서, 나는 또 한 편의 시를 써서 그 점을 명명백백하게 하기로 마음을 먹었다. 그래서 나는 다음과 같이 시작하는 다른 소네트를 썼다. "그는 모든 구원을 완벽히 보고 있네." 그리고 이 시는, 내가 그것을 분석할 때 분명히 드러나겠지만, 어떻게 그녀의 미덕이 다른 여인들에게 영향을 미쳤는지에 관해 말하고 있다.

다른 숙녀들 가운데서 나의 숙녀를 보고 있는

그는 모든 구원을 완벽히 보고 있네.[85]

그녀와 함께 걷는 숙녀들은 의당히 신(神)에게

그런 아름다운 호의에 대해 감사를 드려야 하네.

그리고 그녀의 아름다움은 그런 효과를 지니고 있기에

다른 여인들의 마음에서 질투가 일어나지 않는다네.

더 나아가, 그녀와 함께 걸어가며 그들은

고귀함과 사랑과 믿음으로 치장된다네.

그녀의 맑은 광경(光景)은 모든 것을 겸허하게 만드네.

그리하여 그녀의 유쾌한 모습이 드러날 뿐만 아니라,

또한 모든 여인이 그녀로 인해 명예를 얻는다네.

그리고 그녀의 몸가짐과 행동이 그처럼 고결하기에

그녀를 마음에 떠올리는 그 누구도

사랑의 감미로움 속에서 탄식을 금할 수가 없네.

이 소네트에는 세 부분이 있다. 첫째 부분에서, 나는 이 숙녀가 어떤 사람들 속에서 가장 경이롭게 나타났는가를 말하고 있다. 둘째 부분에서, 나는 그녀의 일행이 얼마나 매력적이었는지를 말하고 있다. 셋째 부분에서, 그녀가 자신이 지닌 미덕의 힘으로 다른 이들에게 미치는 효과에 대해 말하고 있다. 둘째 부분은 "그녀와 함께 걷는 숙녀들은"으로, 셋째 부분은 "그리고 그녀의 아름다움은"으로 시작한다. 이 마지막 부분은 다시 세 쪽으로 세분된다. 첫째 쪽에서, 나는 그녀가 여

---

85 한국어의 어순상 원문의 제1행이 제2행으로 되어 있음.

자들의 마음에 미치는 효과들을 언급한다. 둘째 쪽에서, 나는 다른 여인들에게 간접적으로 미치는 그녀의 효과들을 언급한다. 셋째 쪽에서, 나는 어떻게 그녀가 여자들만이 아니라 모든 사람들의 마음속에 기적을 일으켰는지를, 그리고 그녀의 곁에 있었을 때뿐만이 아니라, 그녀를 기억하였을 때에도 그러한 일이 일어났다고 말하고 있다. 둘째 쪽은 "그녀의 맑은 광경(光景)은" 하고, 셋째 쪽은 "그리고 그녀의 몸가짐과 행동이 그처럼 고결하기에" 하고 시작한다.

XXVII

그런 연후에 어느 날 내가 나의 숙녀에 관해 말했던 것, 즉 앞의 두 소네트에 적어 놓았던 것에 대해 숙고하기 시작했다. 그러는 중에 그녀가 그때 내게 끼친 영향을 언급하지 않았다는 사실을 발견하고서, 나는 그러한 발언에 결함이 있다고 생각하였다. 그래서 나는 시를 써서 내가 얼마나 그녀의 영향에 감응되었고 그녀의 미덕이 내게 어떤 감명(感銘)을 주었는지를 말하기로 작정하였다. 그리고 한 소네트의 짧은 구간에서 그 모든 것을 다 말할 수 없다고 생각하여, 멋진 칸초네 한 편을 썼는데, 첫 행은 "너무나 오랫동안" 하고 시작한다.

너무나 오랫동안 **사랑**이 나를 붙들고 있었고

또 그의 지배를 받도록 길들여져 왔기에

전에는 그가 나에게 그렇게 혹독하였다면,

이제는 내 마음속에 온화하게 자리 잡고 있네.

그래서, 그가 내게서 그처럼 지나치게 힘을 빼어버릴 때면,

나의 정기(精氣)들은 달아나 버리는 듯하고, 그럴 때면

나의 허약한 영혼은 나의 얼굴이 창백해질 만치

그런 감미로움을 느낀다네. 그럴 때면,

사랑은 나에 대해 그처럼 많은 힘을 장악하게 되어

나의 정기(精氣)들로 하여금 돌아다니며 말하게 하고,

나에게 더욱더 구원(救援)을 주도록,

나의 숙녀에게 하염없이 호소하네.

이것은, 어디에서 그녀가 나를 보고 있든지, 나를 엄습하고,

그리고 그것은 믿을 수 없을 만치 감미로운 것이라네.

XXVIII

"아, 슬프다. 예전에는 사람들로 그렇게 붐비더니, 이제
는 이 도성이 어찌 이리 적막한가! 예전에는 뭇 나라 가운데
으뜸이더니 이제는 과부의 신세가 되었구나!"[86] 나는 아직 이

---

86 원문의 라틴어 "Quomodo sedet sola civitas plena populo! facta est quasi

송가를 구상(構想)하는 중이었고 위에 제시한 첫 연(聯)을 완성하고 났을 때, 의로우신 주님이 이 지극히 고귀한 숙녀를 그 축복받은 여왕 동정녀 마리아—성스러운 베아트리체의 언어 속에서 지극한 공경을 받아 왔던 이름 - 의 기치(旗幟) 아래서 복된 생활을 하도록 소환하셨다. 그리고 이제 우리로부터의 그녀의 작별에 관해 조금 이야기하는 것이 아마도 즐거움을 줄 수 있을지 모르지만, 나는, 세 가지 이유로, 여기서 그렇게 하고자 하지 않는다. 첫째 이유는, 우리가 애써 이 소책자의 권두언을 상기해 본다면, 그렇게 하는 것이 당면한 취지[87]에 걸맞지 않다는 것이다. 둘째 이유는, 그렇게 하는 것이 당면한 취지에 부합한다 해도, 그것을 적절히 다루기에는 나의 필력이 아직은 불충분할 것이기 때문이리라. 셋째 이유는, 설령 앞의 두 이유에 근거가 부족하다 해도, 내가 그것을 다룬다는 것은 합당하지가 않다, 왜냐하면, 만약 내가 그렇게 한다면, 나는 나 자신을 상찬(賞讚)하는 자가 되어야만 할 것인데, 그런 것이야 말로, 어느 누가 그런 것을 행하든지 간에, 따지고 보면 질책 받을 사항이기 때문이다.

그렇기는 하지만, 숫자 9는 앞선 서술(敍述)에서 자주 한 자리를 점유했는데 그것은 어떤 근거 없는 일은 아니기 때문

vidua domina gentium. 구약, 〈예레미야 애가〉 1. 1.

87 베아트리체의 타계에 대한 애도보다 그녀로 인한 '새로운 삶'에 중점을 두고자 함.

에, 그리고 그 숫자가 그녀의 서거에 어떤 큰 역할을 담당한
듯 보이기에, 이제 그것에 대해 하는 어떤 말은, 우리의 취지
에 알맞다고 보이기 때문에 적절하다 하겠다. 그래서 나는 먼
저 어떻게 그것이 그녀의 서거에 일익(一翼)을 담당했는지를
말할 것이고, 그 다음 나는 왜 그 숫자가 그녀의 본질에 적합
했는지에 대해 약간의 이유를 제시할 것이다.

XXIX

아랍 관습에 따르면, 그녀의 지극히 고귀한 영혼은 달
의 제9일의 첫 번째 시간에[88] 별세했다. 그리고 시리아식 계산
법에 따르면, 그녀는 해의 제9번째 달에서 별세한 것인데, 왜
냐하면, 그곳에서는 첫 달이 티슈리(Tishri)[89] 첫 달이고, 그것
은 우리의 10월에 해당되기 때문이다. 그리고 우리의 셈법에
따르면 (즉, 서력(西曆)으로 따져서), 완전한 숫자 10이 그녀가 이
세상에 태어난 세기에서 (그녀는 기원후 13세기에 살았다) 아홉

---

88 관습에 따르면, 하루가 일몰과 더불어 시작된다 하니까, 통상적으로 아침 6시
부터 저녁 6시까지가 낮 시간대라고 한다면, 새날은 오후 6시에 시작하는 것이 됨.
베아트리체는 1290년 6월 8일에 서거했다고 기록되어 있음.

89 티슈리: 유대력의 제1월. 그레고리력의 9-10월에 해당함.

번 완성되었던 해에 별세했다. 다음이 왜 이 숫자가 그녀의 본질에 그처럼 적합했는가 하는 하나의 이유가 될 수 있겠다. 프톨레마이오스와 기독교적 진리에 따르면, 움직이는 아홉 개의 하늘들이 있으므로, 그리고 입수된 천문학적 지혜에 따르면, 그런 천체 체계들은 그들 상호간의 작용들에 비례해서 여기 지상에서 생활하고 있는 우리에게 영향을 끼치고 있으므로, 이를 따져보자면, 우리로 하여금 그녀가 출생하였을 때 아홉 개의 움직이는 모든 하늘 체계들이 상호간의 완벽한 관계 속에 있었다는 것을 이해시키기 위하여, 그 숫자는 그녀의 본질에 적합하였던 것이다. 그러나 이렇게 말하는 것이 단지 하나의 이유이다. 그것을 좀 더 미묘하게 곰곰이 또 틀림없는 진실에 따라 생각해 보면, 그녀 자신이 이 숫자였다, 나는 이것을 비유로 말하는 것이다. 여기 내가 마음속에 간직하고 있는 것이 있다. 숫자 3은 숫자 9의 제곱근이고, 이는 그것이, 어떤 다른 숫자의 개입이 없이, 그 자체로 인해 아홉을 창조해 내는 것이니, 우리는 삼삼(3×3)은 구(9) 하는 데서 명백히 알 수 있다. 그리하여, 만약 셋 그 자체가 아홉의 인자(因子)라면, 그리고 그 기적들의 인자(혹은 생산자)가 그 자체로 역시 셋—즉, 성부, 성자, 성신, 이 셋은 삼위일체인바—이라면, 이 숙녀는 숫자 아홉에 의해 동반 되었고, 이것은 우리로 하여금 그녀가 하나의 아홉(즉, 한 기적)이었다는 것을 이해시키기 위함이었고, 그것의 뿌리는 다름 아닌 경이로운 삼위일체인 것이다. 아마도 한층 더 심오한 사상가는 이 점에 대해 어느 누구보다 심오한 이유를 제시할 수 있으리라. 그러나 이것이 내가 인식한 이유이고, 그리고 이것이 나를 가장 흡족하게 한다.

XXX

그녀가 이 삶을 떠나고 난 후, 앞서 말한 도시[90]의 모든 것은, 말하자면, 모든 위엄을 잃은 과부처럼 남겨졌다. 그래서 나는, 이 황량한 도시에서 아직도 눈물을 흘리며, 그 땅의 군자(君子)들에게 그것의 상태에 관해 몇 자를 적어 보냈는데, 선지자 예레미야의 다음과 같이 시작하는 행들을 인용하였다. "이 도성이 어찌 이리 적막한가!" 내가 이것을 말하는 이유는, 마치 그것이 그 뒤를 이을 새로운 주제의 전개인 듯, 그것을 위에 인용한 것에 놀라지 않게 하기 위함이다. 그리고 누군가가, 인용한 말에 이어지는 말들을 여기에 적어 놓지 않았다고 나를 비난하고자 한다면, 나의 변론은 단초부터 이 책에서의 나의 의도는 지방 국어로만 쓰기로 했었다는 것이다. 그렇기 때문에, 인용된 말들을 뒤이은 말들이 모두 라틴어로 되어

---

90 피렌체(Firenze)를 의미함.

있는 만큼, 그것들을 여기 적어 놓는다는 것은 나의 의도에 배치될 것이겠다. 그리고 나의 절친한 친구[91]도, 내가 이 (편지를) 그에게 쓰고 있는데, 비슷한 의도를 지녔다는 것을 알고 있다. 즉, 내가 그에게 오직 지방어로 편지해야 한다는 것이다.

XXXI

내 눈들이 너무나 오랫동안 울고 나서 지친 나머지, 나의 비애(悲哀)를 가시게 할 수 없었을 때, 나는 몇몇 슬픈 말로써 그것을 누그러뜨려볼까 했다. 그래서 나는 송가 한 편을 쓰기로 작정하였다. 송가에는 내 영혼의 파괴자인 엄청난 비통함을 안겨다 준 그녀에 관해 눈물을 흘리며 말하고자 하였다. 그리고 그때 나는 다음과 같이 시작하는 송가를 짓기 시작했다. "내 눈들은, 내 마음의 연민을 통해 애도하며." 그리고 이 송가가 끝난 후, 송가가 더 과부같이 남겨지도록, 나는 그것을 적어 놓기에 앞서 그것을 나눌 것이다. 그리고 나는 현 시점부터 이 체계를 계속 준수할 것이다.

---

91 구이도 카발칸티를 의미하고, 그에게 쓴 편지는 모두 라틴어로 되어 있다고 알려져 있음. 또한 단테가 작품을 지방어로 쓰도록 권한 이도 카발칸티로 알려져 있음.

요약하자면, 이 슬픈 송가엔 세 부분이 있다. 첫째 부분은 서언이다. 둘째 부분에서, 나는 그녀에 관해 말한다. 셋째 부분에서, 나는 애처롭게 송가 자체에 말을 건넨다. 둘째 부분은 "베아트리체는 …… 갔노라" 하고, 셋째 부분은 "나의 동정심 많은 송가여!" 하며 시작한다. 첫째 부분은 세 쪽으로 세분된다. 첫째 쪽에서, 나는 어이하여 내 마음이 말하도록 움직여지는지를 말하고 있다. 둘째 쪽에서, 내가 누구에게 말하기를 소원하는지를 말한다. 셋째 쪽에서, 나는 누구에 관해 말하기를 소원하는지를 말한다. 둘째 쪽은 "그리고 내가 회상하기 때문에" 하고, 셋째 쪽은 "그리고 그 주제에 관해 나는 말할 것이다" 하고 시작한다. 뒤에 가서, 내가 "베아트리체는 …… 갔노라" 하고 말할 때, 나는 그녀에 관해 말한다. 그리고 이 주제를, 나는 두 부분으로 만든다. 첫 부분에서, 나는 그녀를 우리로부터 저곳으로 데려가게 된 이유를 진술한다. 그 다음, 나는 얼마나 사람들이 그녀의 서거를 애도하는지를 말하고 있다. 그리고 이 부분은 "그것은 그녀로부터 떠났노라" 하는 말로 시작한다. 이 부분은 세 쪽으로 세분된다. 첫째 쪽에서, 나는 그녀를 위해 누가 울지 않는지를 말하고 있다. 둘째 쪽에서, 나는 정녕 그녀를 위해 누가 우는가를 말하고 있다. 셋째 쪽에서, 나는 나 자신이 처한 상태를 진술한다. 둘째 쪽은 "그러나 비애는 오고, 그 욕망은" 하고, 셋째 쪽은 "나의 무거운 탄식들은" 하고 시작한다. 뒤에 가서, 내가 "나의 동정심 많은 송가여" 하고 말할 때, 나는 이 송가에 말을 건네며, 어떤 여인들에게 찾아가서 그녀들과 함께 머무를 것인지를 송가에 일러주고 있다.

내 눈들은, 내 마음의 연민을 통해 애통해 하며,

울면서 고통을 겪었지,

그리하여 결국 그들은 지치고 말았네.

이제, 만약 내가 점차 나를 죽음으로

몰고 가는 슬픔을 덜어내기를 원한다면,

나는 애도 속에서 말해야만 한다.

그리고 내가 회상하는바, 그녀가 살아 있었던 동안,

나의 숙녀에 관해, 고귀한 숙녀들이여,

즐겨 그대들과 함께 얘기를 나누었기 때문에,

고귀한 마음을 지닌 숙녀 외에는

그 누구에게도 말을 건네고 싶지 않네.

그녀가 홀연히 천국으로 가버린 이제,

애통해하는 **사랑**과 나를 뒤에 남겨 놓았은즉,

나는 눈물에 젖어 그녀에 관해 말할 것이네.

베아트리체는 저 천국으로 갔고,

거기는 천사들이 평화를 즐기는 영역이라네.

숙녀들이여, 그녀는 여기 그대들 곁을 떠나 저들과 함께 지낸다네.

그녀를 우리로부터 데려간 것은, 다른 여인들의

경우에서와 같이 오한이나 열병이 아니었네.

그것은 단순히 그녀의 대단한 자애로움이었네.

정녕 그녀의 겸손의 빛은

상당한 힘으로 천상을 뚫고 올라왔기 때문에

영원한 군주께서 경탄하셨고,

그러한 구원(救援)의 힘을 소환하라는

감미로운 한 욕망이 그에게 와 닿았네. 그리고

그가 이 지상으로부터 그녀를 그에게 오게 한 것이네,

정녕, 그는 그녀의 고난의 지상생활이 그처럼 고귀한

품격과는 어울리지 않았음을 보았기 때문이네.

그녀의 아름다운 육체로부터 출발한

은총으로 가득찬 고귀한 영혼은

이제 그녀에게 알맞은 곳에서 영광에 감싸여있네.

그녀에 대해 말할 때 애도하지 않는 자, 그 누구이건

그처럼 사악하고 비근한, 돌 같은 마음을 지니고 있어,

어떤 상냥한 정기(精氣)도 그 안으로 들어갈 수 없네.

어떤 초라한 마음도 그녀에 대한 개념을 지닐 수

있을 만치 충분한 지성을 지니고 있지 않은 것이기에,

어떤 슬픔도 그것을 감동시켜 울게 만들 수 없는 것이네.

하지만 가끔 그의 마음속에서 그녀의 천성이 어떠하였고 또

어떻게 그녀가 우리 곁을 떠나게 되었는지를 깨달은 이에게는

그 영혼으로부터 모든 위로를 박탈하며

비애와 더불어 탄식하고 울면서

죽고 싶은 욕망이 찾아오는 것이네.

무겁게 짓눌린 내 마음의 생각들이 다

나를 절망에 빠뜨린 숙녀를 상기(想起)시키는 때,

나의 무거운 탄식이 내게 고뇌를 가져오네.

그리고 내가 자주 죽음을 생각할 때마다

그처럼 감미로운 욕망이 나를 엄습하여

나의 안색이 변해버리네.

그리고 나의 상상력이 나를 완전히 장악하고,

엄청난 고뇌가 사방에서 나를 에워싸는 때,

내가 느끼고 있는 슬픔으로 나는 소스라치네.

그리고 그처럼 궁색해진 나머지,

수치심은 나를 다른 이들로부터 격리시키네.

그 다음 나의 애도 속에서 홀로 슬피 울며불며, 나는

베아트리체를 소리쳐 부르며 말하네. "그대는 정말 죽었는가?"

그리고 내가 그녀를 부르자, 그녀는 나를 위로해주네.

슬픔에 찬 눈물들과 고뇌에 찬 탄식들이

내가 홀로 있을 때면, 내 마음을 에이네.

그래서 나의 울음을 들은 이마다 슬픔을 던지곤 하네.

그리고 나의 숙녀가 그녀의 새로운 존재양식으로 전환한

이래로 나의 생활이 어떠했는지 그것을

말해 줄 수 있는 혀는 없다네.

그러니까, 나의 숙녀들이여, 내가 원했다 해도,

내가 어떻게 되었는지를 올바로 얘기할 수 없는 것이네,

모진 삶이 나를 괴롭히고 있으니 말이네.

내 삶은 그처럼 비천(卑賤)해져서,

그들이 핼쑥한 내 얼굴을 볼 때면, 사람마다

"나는 자네를 포기하네" 하고 말하고 있다고 나는 상상하네.

그러나 나의 숙녀는 내가 어떻게 되었는지를 보고 있고,

또 나는 내가 그녀로부터 받을 보상을 아직도 희망하고 있네.

나의 동정심 많은 송가여, 이제 눈물을 흘리며 떠나서,

그대의 자매 시(詩)들이

기쁨을 가져다주곤 했던

숙녀들과 처녀들을 찾아 보거라.

그리고 슬픔의 딸인 그대는

수심에 잠긴 채 떠나 그들과 함께 머물러 있으라.

XXXII

이 송가가 쓰여지고 난 후, 우정의 정도로 보아 절친한
친구 다음인 나의 두 번째로 좋은 친구 한 사람이 나를 보러
왔다. 그리고 이 남자는 이 영광 속에 있는 숙녀와 더 가까울
수가 없는 혈연관계였다. 그리고 나와 함께 몇 마디 한담(閑談)
을 나누고 나더니, 최근에 타계한 어느 숙녀를 기념하여 몇 편
의 시를 써줄 것을 내게 청했다. 그리고 그는 마치 최근에 정
말 죽은 어느 다른 숙녀를 의미하는 것처럼 보이도록 말을 꾸
며서 했다. 그러나, 나는, 그가 다른 사람 아닌 바로 나의 지복
(至福)한 숙녀에 대해 말하고 있음을 이해했고, 그가 내게 청한
것을 해주기로 약속하였다. 그런 다음, 이것에 대해 생각하며,

마치 내가 그의 주문 사항들에 맞추어 그것을 쓴 것과 같은 애도의 뜻을 담아 한 소네트를 써서 내 친구에게 주기로 결심하였다. 그러고 나서 나는 이 소네트를 썼고, 그것은 "나의 탄식들을 들으러 오게" 하고 시작한다. 그것은 두 부분을 지니고 있다. 첫째 부분에서, 나는 사랑의 신봉자들이 내 말에 귀 기울여 줄 것을 청하고 있다. 둘째 부분은 "그들은 …… 내게서 흘러나온다네" 하고 시작한다.

> 나의 탄식들을 들으러 오게,
> 오, 고귀한 마음들이여, 정녕 연민은 그것을 요구하고 있네.
> 그들은 절망적으로 내게서 흘러나온다네,
> 그리고 그것들이 아니었다면,[92] 나는 비애로 죽고 말걸세.
> 왜냐하면 내 눈들은, 내가 감당하기보다 몇 배 더하게,
> 내게 비참해질 것이기 때문이니, 그도 그럴 것이,
> 아아! 내가 그녀를 애도하고 있던 동안, 내 마음을
> 눅이도록 그것들이 실컷 울었다면 말이지.
> 그대들은 그녀의 미덕에 합당한 삶의 차원으로
> 넘어 가버린 나의 고귀한 숙녀를
> 자주 찾고 있는 탄식 소리들을 들을 것이네,
> 또 그들이 때때로 이 지상생활을 업신여기는 것은
> 구원의 힘[93]을 잃고 만

---

92 탄식은 우리의 생명줄 같아서 우리의 고통을 경감시켜 준다는 의미.

93 원문엔 'salute 건강'으로 되어 있는데, 현대 이탈리아어로는 'salvezza 구원'

애통하는 영혼의 명분을 살리기 위함이네.

XXXIII

내가 이 소네트를 쓰고 나서, 마치 이것이 친구의 작품인양 내가 그것을 주려고 하였던 친구의 품위에 대해 생각했는데, 내 생각에 그것은, 영광 속에 있는 나의 숙녀와 그렇게 가까운 친척 관계인 사람에게 베푸는 선물치고는 빈약하고 적나라하게 보였다. 그래서 내가 위에 적어 놓은 소네트를 그에게 주기 전에, 나는 한 송가의 두 연(聯)들을 썼는데, 하나는 진정 그의 목소리를, 다른 하나 내 목소리를 반영하였는데, 독자들이 그것들을 아주 자세히 검토하지 않는다면, 그 둘은 한 사람의 입장에서만 쓰여진 것이라고 보일 것이다. 그러나 만약 그대들이 세심하다면, 그대들은 다른 두 사람이 자기의 입장을 대변하고 있다는 것을 명백히 알게 될 것이다. 즉, 명백히 드러나 있듯이, 그중의 한 사람은 그 여인을 "나의 숙녀"라고 부르는 반면, 다른 사람은 그렇게 하지 않는 것이다. 나는 그에게 이 송가와 앞서 적어놓은 소네트를 주었고, 후자는 오직 그에 대한 배려에서 작성한 것이라고 말해 주었다.

의 뜻임. 라틴어에서는 'salus, salutis'가 '건강, 복지, 구원'의 뜻을 다 지니고 있음.

이 송가는 "그때 마다"로 시작하고, 두 부분을 지니고 있다. 첫 연이 되는 한 부분에서, 그녀의 친척이 되는 내 친구가 애도한다. 둘째 연에서는 내가 애도한다, 즉 "그리고 거기"하고 시작하는 연이다. 그렇게 해서 이 송가에는 마치 두 사람이 애도하는 듯이 보이겠지만, 한 사람은 남동생같이, 다른 한 사람은 사랑의 봉사자같이 애도한다.

> 그때마다, 아아, 슬프도다! 내가 그처럼
> 애도하는 숙녀를 다시는 보지 못할 것임을
> 상기(想起)하는 그때마다,
> 그처럼 큰 슬픔이 나의 슬픔에 젖은 기억에 의해
> 나의 가슴을 에워싸고 있어,
> 나는 말하네. "내 영혼이여, 그대는 왜 떠나지 않는가?
> 정녕, 그대에게 그처럼 부담스러워진 이 삶에서
> 그대가 겪게 될 고뇌들을 내가 생각해 보면,
> 두려운 느낌을 금할 수가 없네."
> 그래서 나는 감미롭고 온화한
> 영구한 휴식을 얻고자 죽음에 청하며,
> "내게로 오라" 하며 애정을 보이며 말하고 있어,
> 누가 죽든지 나는 그것을 시샘하네.
> 그리고 거기 나의 탄식들 가운데에
> 한 연민의 소리가 자리 잡고 나서[94]

---

94 주 이니첼리의 시 〈사랑은 언제나 그 고결한〉의 유명한 이미지인 바 새들이

끊임없이 죽음을 부르고 있네.

그것의 잔인함으로 나의 숙녀가

타격을 입었을 때,

그것에 나의 모든 욕망이 돌려졌네.

왜냐하면 그녀의 사랑스러움의 기쁨은,

우리 시야에서 사라지며,

하나의 커다란 정신적 아름다움이 되었기 때문이네.

이 아름다움이 천상에 펼치는

사랑의 빛은 천사들에게 인사하며

그들의 고매하고 기묘한 지성으로 하여금

경탄하게 하네, 그것은 그처럼 고귀하다네.

XXXIV

    그 숙녀가 영생(永生)을 누리는 이들과 하나가 된 지 꼭 1주년이 되던 날에, 나는 어느 곳에 앉아 몇몇 평판(平板)들 위에 한 천사를 그리고 있었다. 그리고 내가 그를 그리고 있는 동안, 존중할 가치가 있는 몇 사람들이 내 옆에 와 서있는 것을 깨달았다. 그들은 내가 하고 있는 것을 쳐다보고 있었다.

녹음 속에서 휴식을 취한다는 것과 연관됨.

그리고, 뒤에 들은 얘기지만, 내가 그들의 존재를 눈치 채기 전, 그들은 벌써 얼마 전부터 거기 와있었다. 내가 그들을 보았을 때, 나는 일어나 인사하며 말했다. "누군가가 방금 전에 나와 함께 있었는데, 내가 생각에 잠겨 있어서 그런 거예요." 그래서 그들이 떠난 다음에, 나는 천사들의 모양들을 그리는 내 작업으로 돌아왔다. 그리고 이것을 하면서, 나는 한 편의 시를 작성해야겠다는 생각이 떠올랐고, 그것은 말하자면 그 일 주기(週忌)를 기념하기 위한 것이면서, 동시에, 나를 보기 위해 왔던 그들을 대상으로 하는 것이었다. 그러고 나서, 나는 이 소네트를 썼는데, 그것은 다음과 같이 시작한다. "거기서 내 마음에 떠올랐던 것은." 그것은 시작이 두 개인 4행 절(節)을 지니고 있다. 그래서 나는 이 각각을 염두에 두고 그것을 분석할 것이다.

자, 그렇다면, 첫 번째 시작을 고려한다면, 이 소네트는 세 부분을 지니고 있다. 첫째 부분에서, 나는 나의 숙녀가 벌써 내 기억 속에 자리 잡았다고 말한다. 둘째 부분에서, 나는 사랑이 그런 이유에서 내게 무엇을 해주었는지를 말한다. 셋째 부분에서, 나는 그 사랑의 효과들에 관해 말한다. 둘째 부분은 "…… 사랑은" 하고, 셋째 부분은 "그들은 눈물을 흘리며 …… 튀어나왔다" 하고 시작한다. 이 부분은 다시 두 쪽으로 세분된다. 첫 쪽에서, 나는 나의 모든 탄식들이 말을 하며 튀어나왔다는 것을 진술하고, 둘째 쪽에서는, 일부 탄식들이 그와는 다른 말들을 토로하였다는 것을 진술한다. 둘째 쪽은 "그러니 …… 그들은" 하고 시작한다. 다른 안(案)의 시작이 사용되는 때도 마찬가지 분석이 유효한데, 다만 첫째 부분에서 나는 어떤 시각에 이 숙녀가 나의 기억 속으로 찾아 왔는지를 진술하고 있지만, 첫 안에서는 그렇지가 않다.

제1안 시작
거기, 천상의 군주에 의해,
마리아가 있는 겸허의 천당에, 그녀의
가치로 인해 배치된 고귀한 숙녀가
내 마음에 도달하였네.

제2안 시작
거기, **사랑**이 애도하는 숙녀가
내 마음에 도달하였을 때, 그 순간
그녀의 가치는 내가 하고 있었던 것을 보도록
너희 신사들을 유도하였던 것이네.
나의 정신 속에서 그녀를 느끼고 있었던 **사랑**은
나의 황폐하게 된 마음속에서 깨어났고
나의 탄식들에게 말하고 있었네. "어서들 떠나게!"
그래서 각자는 슬픔 속에서 떠나고 있었네.
그들은 눈물을 흘리며 나의 가슴으로부터 튀어나와
나의 슬픈 눈들에 비통한 눈물들을
가끔 가져다주는 소리를 내고 있었네.

그러나 가장 심한 고통을 안고 튀어나온 것들은

다가오며 말했네. "아아, 고귀한 천사여,

오늘은 그대가 천국으로 올라간 지 일주기가 되는 날이오!"

XXXV

그 후 얼마 동안, 내가 지난날들을 상기시키는 장소에 있었던 까닭에, 나는 무척이나 시름에 잠겨 있었고, 또 나의 상념(想念)들은 너무나 서글펐기에 나의 외모는 그지없이 참담해 보였다. 그래서 나의 교란된 상태를 마음에 새기며, 나는 어느 누가 나를 바라보고 있는지 확인하기 위하여, 눈을 쳐들었다. 그때 나는 한 상냥한, 대단한 미모(美貌)의 젊은 숙녀가 한 창문에서 나를 바라보고 있는 것을 보았는데, 그녀의 동정 어린 표정은 모든 연민이 그녀 속에 담겨 있는 듯하였다. 그리하여, 불행한 사람들은 다른 사람들이 자신들을 동정하면, 더욱더 자신들을 불쌍히 여기고 감동되어 눈물을 흘리듯이, 나는 그때, 말하자면, 내 눈이 울고 싶은 지경에 빠져들었음을 느꼈다. 그래서 내 삶의 비참함을 내보일까봐, 나는 친절한 숙녀의 시야에서 벗어났다. 그런 후에 혼잣말을 하였다. "그 동정심 많은 숙녀에게 지극히 고귀한 **사랑**이 결여된다는 것은 불가능하다." 그리하여 나는 한 편의 소네트를 쓰기로 작정하였다. 그 안에서 나는 그녀에게 말을 건넸고, 이제 말한 모든 것을 포함하고자 하였다. 그리고 그 배경이 매우 명백하므로, 나는 그것을 분석하지 않을 것이다. 소네트는 이렇게 시작한다. "내 눈들은 … 보았죠."

> 내 눈들은 그대의[95] 용모에 나타난
> 모든 연민(憐憫)을 보았죠,
> 내가 자주 슬픔에 겨워 내보이는
> 행동들과 태도를 당신이 바라보았을 때였어요.
> 그때 나는 당신이 내 암담한 삶의 이면에 관해
> 생각하고 있었음을 관찰했지요.
> 그래서 내 눈들에서 나의 비천함을 내보이고
> 있다는 두려움이 내 가슴에 다가왔지요.
> 그리고 나의 가슴으로부터 눈물이 그득 고이는 것을
> 느끼면서, 나는 그대의 시선으로부터 몸을 감추었죠.
> 내 마음은 당신을 바라보며 감동 받았어요.
> 뒤에 가서, 나는 내 슬픈 영혼 속에서 읊조렸어요.
> "확실히 **사랑**은 그 숙녀와 더불어 있고,
> 그것은 나로 하여금 이처럼 방황하게 만드네."

---

95 원문에 'vostra 당신의' 하고 존칭을 쓰고 있음.

XXXVI

그때 이후 생긴 일인데, 이 숙녀가 나를 어디에서 보든지, 그녀의 얼굴은, 사랑을 느끼고 있는 듯, 연민의 표정을 담고 있었고 창백하게 변했다. 그래서 나는 늘 비슷한 안색을 보여주곤 했던 나의 지극히 고귀한 숙녀를 상기(想起)하였다. 그리고 확실히 여러 번, 나는 울거나 또는 나의 비애를 덜 수가 없어서, 동정심 많은 이 숙녀를 보러 가곤 하였는데, 그녀는 나에게서, 내가 그녀를 보기가 무섭게, 내 눈에서 눈물을 퍼올리는 것 같았다. 그래서 나는 그녀에게 말을 건네는 또 하나의 시를 쓰고 싶은 욕망을 느꼈다. 그리고 나는 이 소네트를 썼는데, 그것은 이렇게 시작한다. "연모의 창백함."[96] 그것의 뜻은, 이제 막 설명했으니, 분석할 필요 없이 명백하다.

상냥한 눈과 슬픔에 찬 눈물을
자주 볼 때마다, 그대 앞에 서있는
나의 비통한 모습을 그대가 볼 때마다,
연모의 창백함과 연민의 표정이,
당신의 경우에서와 같이, 한 숙녀의 얼굴에
그처럼 경이롭게 펴져 있은 적은 없어라.

---

96 원문에 'Color d'amore 사랑의 색채'로 나와 있는데, 이와 관련된 문맥에서 '은은한 사랑의 창백함'으로 이해 됨. 또 이 표현이 이 소네트의 서두를 장식하는데, 한국어 어순(語順)상 뒤로 배치하였음.

그리하여, 당신으로 인해, 한 가지 것이 내게 다가오는바,

그것이 내 가슴[97]을 터뜨릴까봐 나는 크게 두려워한다오.

나는 나의 피폐한 눈들이 당신을

가끔 바라보는 것을 억제할 수 없다오,

그것은 그것들이 울고 싶은 욕망을 지니고 있기 때문이오.

그리고 당신은 그들의 욕망을 그처럼 증폭시키어

그들은 그 충동에 의해 충분히 소모되고 있지만,

당신의 면전에서는 울 수가 없다오.

XXXVII

이 숙녀의 모습을 보고는 마음이 온통 끌려 나의 눈들은 그녀를 바라보는 것에 그지없는 기쁨을 느끼기 시작했다. 나는 마음속으로 자주 화가 났고 나 자신을 경멸하였다. 그래서 나는 가끔 내 눈들의 허영심을 저주하였고 마음속에서 그들에게 이렇게 말했다. "너희는 전에 너희의 슬픈 모습을 본 사람은 누구든지 눈물을 흘리게 하였는데, 이제는 너희를 응시하는 이 여인으로 인해 너희의 본분을 잊기를 원하는 듯이

---

97 원문에 'lo cor 심장, 가슴'은 현대어로는 'il cuore'로서 '심정, 마음'의 뜻도 지녔음. 이에 대비(對比)하여 사고(思考)적 맥락에서는 'mente 마음, 정신'을 사용함.

보이는구나. 그런데 그녀가 그대들을 응시하는 것은 단지 그
대들이 애도하곤 하였던, 이제는 영광 속에 있는, 저 숙녀를
애도하고 있기 때문이라. 그러나 그대들이 하고 싶은 대로 해
봐라, 요 저주받은 눈들이여, 정녕 나는 여전히 너희에게 그녀
를 자주 상기(想起)시키고자 하노라. 왜냐하면, 너희가 죽기 전
에, 너희의 눈물은 메말라 버려서는 안 되기 때문이지." 그리
고 내가 나의 눈들에게 심적으로 그처럼 말을 건넨 후, 강력하
고 지극히 고민스러운 한숨들이 나를 공격해 왔다. 그래서 자
신과의 전쟁을 비참한 자에 의해서만 인지(認知)되지 않게 하
기 위해서, 나는 한 편의 소네트를 써서 이 처절한 심리상태를
기술(記述)하고자 마음을 먹었다. 그래서 나는 이 소네트를 썼
고, 이것은 "저 쓰디쓴 눈물들은" 하고 시작한다. 그리고 이것
은 두 부분을 지닌다. 첫째 부분에서, 나는 나의 심정(心情)이
읊은 그대로 나의 눈들에게 말을 건넨다. 둘째 부분에서, 나는
누가 이런 식으로 말하고 있는지를 분명히 제시함으로써 어
떤 의혹도 불식(拂拭)한다. 이 부분은 "그렇게 …… 말하고 있
다" 하는 말로 시작한다. 이것은 더 세분될 수도 있겠지만, 상
황은 위에 적어 놓은 설명으로 분명하기 때문에 그럴 필요는
없다.

"저 쓰디쓴 눈물들은, 아, 나의 눈들이여,
그처럼 오랜 기간 동안 너희가 쏟아 부으며,

다른 이들로 하여금, 너희가 본 대로,

연민(憐憫)의 정으로 눈물을 흘리게 하였도다.

너희에게 너희가 애도했던 여인을 상기시키며,

묘한 경우가 생길 때마다, 내가 악당같이 되어

너희를 좌절시켜 놓지 않는다면, 나는 이제

너희가 그렇게 하기를 잊고 말 것이라 생각하노라.

너희의 본분을 잊은 허영심은 나로 하여금

곰곰이 생각게 하고 두렵게 하여, 너희를 응시하는

그 여인의 용모를 나는 심히 두려워한다.

너희는, 죽어 있는 경우를 제외하고는, 결단코

돌아가신 너희 숙녀를 잊어서는 안 될 것이다.”

이렇게 나의 심정은 말하고 그런 다음 한숨 짓는다.

XXXVIII

이 숙녀의 빛나는 모양새[98]는 너무나 새로운 심리 상태 속에 있어서, 나는 자주 그녀를 너무 좋아하는 대상으로 생각하였다. 그리고 그녀에 대해 이렇게 생각했다. “그녀는 친절

---

98 원문의 'la vista di quella donna 숙녀의 일별(一瞥)'은 번역하기가 쉽지 않은 것이, 'vista'는 '조망(眺望)'이란 뜻도 있어, '어떤 즐거움을 주는 일별'로도 간주될 수도 있음.

하고 사랑스럽고 젊고 현명한 숙녀다, 아마도 나의 삶이 휴식을 찾도록 사랑의 뜻에 의해 나타난 것인지도 모르겠다." 종종 그녀를 훨씬 더 사랑한다고 생각한 나머지, 내 마음은 그것, 즉 사랑의 추리와 의견에 맞아 떨어졌다. 내가 거기에 동의했을 때, 내게는, 마치 합리적 고려에 자극을 받은 듯, 달리 생각하였다. 그리고 나는 자신에게 이렇게 중얼거렸다. "신(神)이시여, 너무나 비근한 방식으로 나를 위로하고, 다른 생각은 거의 허용하지 않는 이 생각은 무엇이란 말입니까?" 그때 또 다른 생각이 떠오르며 내게 말하는 것이었다. "지금껏 그대는 시련을 겪어 왔네. 왜 그대는 그런 쓴맛으로부터 물러나려고 하지 않는가? 그대가 보다시피, 이것은 사랑의 영감인데, 그것이 사랑의 욕망들을 우리 앞에 가져다주는 것이네. 그리고 그것의 발단은 가장 고귀한 거처에 자리 잡고 있는데, 그곳이 우리에게 그렇게나 많은 연민의 정을 보여준 숙녀의 눈이라네." 그렇게 나 자신과 여러 번 싸우고 난 끝에, 나는 시를 더 쓰기를 원했다. 그리고 생각들의 전쟁에서 그녀를 대변해 말하던 것들이 승리하니, 내가 그녀에게 말을 건네는 것이 온당하다고 느꼈다. 그래서 나는 이 소네트를 썼는데, 그것은 "한 고귀한 생각"으로 시작한다. 그리고 그것이 고귀한 숙녀와 관계하고 있는 만큼, 고귀하다고 부르는 것이다. 다른 각도에서 관찰하면, 지극히 비열하였다.

　이 소네트에서, 나는 나 자신을 두 부분으로 나누는데,

이는 나의 생각 속의 갈등에 부응하기 위함이다. 나는 한 부분을 내 마음, 즉 육체적 욕구라고 부른다. 다른 부분을 나는 내 영혼, 즉 나의 이성(理性)이라고 부른다. 그리고 나는 어떻게 하나가 다른 하나에게 말을 건네는지를 얘기하고 있다. 육욕을 "마음"이라고, 이성을 "영혼"이라고 부르는 것이 온당하다는 사실은 내가 이 문제를 뚜렷이 드러내 보이고 싶은 이들에게는 아주 명백하다.[99] 바로 요전 소네트에서 내가 '눈'에 반대하여 '마음'을 편드는 것은 사실이다, 이것은 내가 현재의 소네트에서 말하고 있는 것과 배치되어 보인다. 그래서 나는 거기에서도 마음을 육욕과 동일시한다는 것을 설명하고자 한다, 왜냐하면 나는 새로운 숙녀를 바라보는 것보다 '나의 지극히 고귀한 숙녀'[100]를 상기하는 것에 더 큰 욕망을[101] 지니고 있었기 때문이다. 물론 이 숙녀에게 이미 약간의 육욕을 느꼈고, 표면상으로 드러났지만, 대수롭지 않은 것이었다. 그런 연유에서, 한 해석이 다른 해석에 배치되지 않는다는 것은 명백하다.

이 소네트는 세 부분으로 되어 있다. 첫째 부분에서, 나의 욕망이 온통 그녀에게 쏠려있다고 이 숙녀에게 말한다. 둘

---

99 단테는 여기서 '정신'과 '육체'라는, 현대의 이분법적 사고방식에 선행하는 단서를 제공하고 있음.

100 단테는 이 '사랑의 소책자'를 통해 일관되게 베아트리체를 'la gentilissima donna mia 나의 지고하게 고귀한 숙녀' 라고 호칭하고 있음.

101 원문에 'maggiore desiderio 더 큰 욕망'이란 표현에서 단테가 베아트리체의 '감각적 매력'을 인정하고 있는 것으로 사료됨.

째 부분에서, 나는 내 영혼, 즉 이성이 내 마음, 즉 육욕에게 어떻게 말하는지를 이야기한다. 셋째 부분에서, 나는 전자(前者)에 대한 후자(後者)의 대답을 적고 있다. 둘째 부분은 "내 영혼은 …… 말하네" 하고, 셋째 부분은 "그것은 그녀에게 답한다" 하고 시작한다.

당신에 관해 말하고 있는 한 고귀한 생각이
자주 내게 와서 함께 머물며
사랑에 관해 그처럼 감미롭게 말하므로
그것은 내 마음의 동의를 이끌어내네.
내 영혼은 내 마음에게 말하네. "우리의 정신을
위로하기 위해 오고, 그 막대한 영향력을
지니고 있어, 우리에게 어떤 다른 생각도
남아 있지 못하게 하는 이 자(者)는 누구인가?"
그것은 그녀[102]에게 답한다. "아, 생각에 잠긴 영혼이여,
그는 사랑의 한 새로운 요정(妖精)인데,
그의 욕망들과 그의 삶을, 또 모든
그의 권력을 내게 가져오고 있고, 그는
우리의 고난(苦難)들로 인해 무척 교란되어 있던
그 동정심 많은 숙녀의 눈들로부터 솟아났네."

---

102 여성 명사인 'anima 영혼'이 의인화 된 것임.

XXXIX

이 이지(理智)의 대항자와 대항해 제9시경에[103] 내 마음 속에 생생한 환영(幻影)이 떠올랐는데, 베아트리체가 눈앞에 처음 나타났을 때 입었던 바로 그 진홍색의 옷을 입고 있는 모습을 본 듯했다. 그리고 내가 그녀를 처음 보았던 바로 그 연령의 젊은 모습이었다. 그러더니 나는 그녀에 관해 생각하기 시작했고 과거의 연대순에 따라 그녀를 상기(想起)하며, 내 마음은, 나의 추리력의 항구성에 반대하여, 지난 며칠 동안 그처럼 비근하게 그 욕망에 사로잡히도록 자신을 내버려둔 것에 대해 고통스럽게 후회하기 시작했다. 그리고 그 악한 욕망이 퇴치되자, 모든 나의 생각들은 그들의 가장 고귀한 베아트리체로 되돌아왔다. 그리고 그때부터 나는 수치심으로 무거워진 마음을 온통 쏟아 부으며 그녀를 너무나 깊이 생각하기 시작했고 내 한숨소리들이 그것을 여러 번 증명했다 해도 과언이 아니다. 왜냐하면 한숨들은 거의 모두가, 밖으로 튀어나오면서, 내 마음속에서 되뇌고 있던 것, 즉 그 지극히 고귀한 숙녀의 이름과 어떻게 그녀가 우리 곁을 떠났는지를 말했다. 그리고 어떤 생각들은 너무나 슬픔을 실어왔기에 내가 무엇을 생각했는지 또 어디에 있었는지를 여러 번 잊었다. 이렇게 나

---

103 당시 기독교 시간표에 따르면 오후 1시부터 3시 사이를 지칭함.

의 탄식들이 다시 점화되면서, 임시로 진정되었던[104] 내 눈물들 역시 너무나 새로운 자극을 받아 내 눈들은 끊임없이 울기를 갈망하는 두 물체들처럼 보였다. 그리고 오랫동안 끊임없이 울었던 까닭에, 고통을 겪는 사람에게 보통 나타나는, 그런 자색 테두리가 눈 주위에 형성되는 일이 자주 생겼다. 그것은 그들의 음란한 눈초리에 대해 그들이 받은 응분의 대가(對價)였다. 그리하여 그때부터, 그들은 그들을 바라보는 어느 여인을 다시 바라보며 유사한 의도를 품도록 유도될 수 없었다. 그런 연유에서, 그 사악한 욕망과 그 헛된 유혹이 파괴된 것으로 보이기를 바라고, 그리하여 내가 요전에 쓴 시들에 의해 어떤 의아심도 야기될 수 없도록, 나는 이 일련의 추리작업의 의미를 부여한 소네트 한 편을 쓰기로 결심했다. 그러고 나서 나는 다음과 같이 썼다. "아아! 많은 탄식의 힘에 의해." 그리고 나는 "아아!" 하고 말했다. 왜냐하면 나는 내 눈들이 그런 식으로 방황했다는 것에 수치심이 들었기 때문이었다.

나는 이 소네트를 나누지 않는데, 그 이유는 배경이 아주 명백하기 때문이다.

아아! 내 마음속의 생각들로부터 솟구쳐
나오는 많은 탄식들의 힘에 의하여

---

104 원문의 'sollenato'는 프랑스 어 'soulagé 가라앉혀진'이 프로방스와 이탈리아 지방을 거치며 변형된 것으로 추측됨.

내 눈들은 압도되어, 그들을 쳐다보는

어느 여인도 쳐다볼 힘을 잃었네.

그리고 그들은 그런 상태에 빠져 있어, 그들은

울고 싶고 또 슬픔을 내보이고 싶은 두 욕망들을 방불케 하네.

그리고 그들은 너무나 자주 몹시 울고 있기 때문에

사랑은 그들을 한 순교자의 왕관으로 에워싸고 있네.

이런 생각들과 내가 내는 탄식들은

내 마음속에서 그처럼 억압적으로 되어버려,

사랑은 거기서 신음하며 그것들을[105] 그토록 불쌍히 여기네.

정녕 그들은 그들 위에 슬픈 사연을 적어 놓고 있네.

나의 숙녀의 그 감미로운 이름과 더불어

그녀의 죽음에 관한 많은 사연이라네.

XL

그런 시련을 겪고 난 후, 예수 그리스도가 당신의 지극히 아름다운 용모(나의 숙녀가 영광 속에서 바라보고 있는 것)의 외관(外觀)[106]으로 우리에게 남겨 놓은 그 복된 영상(影像)을 많은

---

105 원문의 'lien'은 'gliene'로 이해됨.

106 '베로니카의 베일 Veronica's veil'로 알려진 유물. 로마의 베드로 성당에 안치되어 있고, 부활제 기간에 전시된다고 하며, 예수가 십자가를 지고 골고다로 가

사람들이 보러 가는 계절에 생긴 일이었다. 순례자들 몇 명이, 이 지극히 고귀한 숙녀가 태어났고, 살았고, 또 죽었던 도시[107]의 중심부 근처를 지나 길을 내려오고 있었다. 그 순례자들은, 내가 보기에, 생각에 잠겨 있었다. 그래서 그들을 생각하며, 나는 혼잣말을 하였다. "이 순례자들은, 내가 보기에, 먼 데서 왔고, 그 숙녀에 관한 시는 들어 보지도 못했고, 그녀에 대해 아무것도 몰라. 아마 그들의 생각들은 우리 지역의 사물들과는 다른 일들, 그러니까 아마도 우리가 알지 못하는, 저 먼 곳에 있는 그들의 친구들을 생각하는 거야." 그런 다음 나는 혼자 중얼거렸다. "만약 그들이 인근 지방에서 왔다면, 애도하는 도시의 중심부를 지나갈 때 어딘가 당황한 모습을 보일 텐데." 다시 나는 혼잣말을 하였다. "만약 내가 그들을 조금이라도 붙잡을 수 있다면, 그들이 이 도시를 떠나기 전에, 슬피 울게 만들 텐데.[108] 왜냐하면 나는 어느 경청자도 들으면 슬퍼하도록 만들 시어(詩語)들을 구사(驅使)할 테니까." 그리하여, 그들이 나의 시야에서 사라지자, 나는 혼잣말로 한 것을 분명히 드러나게 할 소네트 하나를 쓰기로 작정하였다. 그리고 보다 강하게 연민의 정을 유발하도록 하기 위하여, 마치 내가 그

는 길에 한 여인이 그의 얼굴의 땀을 씻어 내기 위해 사용했다는 베일이라고 함.

107 피렌체(Firenze)를 의미함.

108 그 당시에는 음유시인들과 더불어 남의 시들을 낭송해서 생계를 잇는 보조 악사(樂士)들도 있어, 이름 있는 시들은 쉽게 확산되었다고 함.

들에게 직접 말을 건네는 듯이 표현하기로 작정하였다. 그리고 나는 다음과 같이 시작하는 이 소네트를 썼다. "오, 생각들에 잠겨 걸어가고 있는 순례자들이여." 그리고 나는 '순례자들'이란 말을 그 단어의 의미보다 넓게 사용했다. 왜냐하면, '순례자'는 두 가지 의미, 즉 넓은 의미와 제한된 의미로 이해될 수 있기 때문이다. 넓은 의미에서, 그것은 고향 땅을 떠난 사람에게 적용된다. 엄격한 의미에서는, 성(聖) 야고보의 집에 가거나 거기서 돌아오는 경우가 아니면, 그 누구도 진정으로 순례자가 아니다. 그러니까 그 지고(至高)하신 분에 대한 봉사로 여행하는 이들에게는 세 가지 온당한 명칭이 적용된다. 해외로 가서 거기서 다시 종려 잎을 가지고 귀환하는 자들을 성지 순례자들(palmieri)이라고 불린다. 만약 그들이 갈리시아에 있는 교회에 간다면, 순례자들(peregrini)이라고 불리는데, 그 이유는 성 야보고의 무덤은 그 어느 사도의 무덤보다 그의 고향에서 멀기 때문이다. 만약 그들이 로마로 간다면, '로마 순례자들 romei'이라고 불리는데, 내가 여기서 순례자들이라고 부르는 사람들은 그리로 향하고 있었다.

나는 이 소네트를 나누지 않는데, 시의 배경에 대한 논의가 매우 분명히 드러나고 있기 때문이다.

오, 순례자들이여, 당신들은 아마도 당신들 앞에
현존하지 않는 다른 일들에 대한 생각에 잠겨 걷고 있군요,

당신들의 용모에서 나타나듯이

그처럼 먼 곳에서 오시는 건가요?

그러니 당신들은 이 슬퍼하는 도시의 중심을

지나면서도 눈물을 흘릴 수가 없는 것이지요,

어느 모로도[109] 그것의 깊은 애도를 이해하지

못하는 사람들인 양 말이죠.

만약 당신들이 조금 쉬어가며 그것에 대해 듣기를

원한다면, 나의 한숨 짓는 마음이 나에게 확신을 주는바,

당신들은 그때 이 도시를 떠나며 슬퍼할 것이오.

이 도시는 그의 베아트리체[110]를, 그것을 복되게 만드는 숙녀를

잃었다오.

그리고 그녀에 관해 언급될 수 있는 시어(詩語)들은

이방인들을 울게 하는 힘을 지니고 있다오.

XLI

얼마 안 되어 두 귀부인이 내게 말을 전해 왔는데, 내 시

---

109 원문의 'neente'는 현대 이탈리아어 속에서는 존재하지 않는바, 그 단어는
이탈리아어의 부정(否定)을 뜻하는 접속사 'né'와 라틴어의 현재분사 탈격 'ens,
ente'가 합쳐 '그럴 수가 없이'란 뜻이 된 것임.

110 원문의 'beatrice'는 문자 그대로 '지복(至福)하게 만드는 여인'을 뜻함.

몇 편을 좀 보내달라는 청이었다. 그녀들의 고귀한 신분을 고려하여, 그렇게 하기로 하고, 그녀들의 소망을 좀 더 높이 받들어 새로운 시를 하나 더 써서 그것들과 함께 보내고자 하였다. 그래서 내가 처한 상황을 묘사하는 소네트 한 편을 써서, 먼저 쓴 소네트와 또 그 전에 쓴, "나의 탄식들을 들으러 오게"[111] 하며 시작하는 시와 같이 그녀들에게 보냈다.

그 경우를 계기로 하여 내가 쓴 새로운 소네트는 "……영역 너머로"[112] 하고 시작한다. 그것은 다섯 부분을 지니고 있다. 첫째 부분에서, 나는 나의 생각들이 어디로 향하고 있는지를 말하는데, 그것의 효과들 중의 하나를 좇아서 이름 부른다. 둘째 부분에서, 나는 그것들이 왜 저 위로 올라가는지를 즉, 누가 그리로 가게 하는지 얘기한다. 셋째 부분에서, 무엇을 보았는지를 즉 저 위에서 명예롭게 대접받고 있는 숙녀를 얘기한다. 그리고 나는 그것을 "순례자 정신"이라고 부른다, 고향을 떠난 어느 순례자같이 종교적 신념으로 저곳에 올라가 머무르기 때문이다. 넷째 부분에서, 그녀가 어떻게 내가 헤아릴 수 없는 형태를 취하고 있는지, 즉 그런 상태에 머물고 있는지를 얘기한다. 말하자면, 나의 생각들이, 그녀의 상태

---

111 XXXII 장의 시.

112 여기서는 제구(九) 천계, 즉 '제일 운동계 Primum Mobile'를 말하고 있는데, 그것 너머에, 초기 기독교인들은, 하늘의 '최상 천계 Empyrean'가 있고 거기에 신이 거한다고 믿었다. 단테는 그의 《신곡 La Divina Comedia》, '천상 편 Paradiso' III과 X 장(章)에서 '최상 천계'의 광경을 묘사하고 있음

를 조망함에 따라, 나의 지능이 파악할 수 없는 그런 높이에까지 올라가는 것을 얘기한다. 정녕, 우리의 약한 시력이 태양에 견주어지는바와 같은 비례로 우리의 지능은 그 지복한 영혼들에 견주어지는 것이다. 그 철학자[113]는 《형이상학》 제이(二) 권에서 말한다. 다섯째 부분에서, 나는 내 생각이 닿을 수 있는 그 모든 것, 즉 그녀의 경이로운 상태까지 이해할 수는 없어도, 적어도 이것만은 이해한다. 내 생각들 속에서 자주 그녀의 이름을 듣기 때문에, 그것들 모두가 그녀에 관한 것이라고 얘기한다. 이 다섯째 부분의 끝에서 나는 "나의 친애하는 숙녀들이여" 하고 말하는데, 내가 말을 건네고 있는 상대가 숙녀들이라는 것을 표시하기 위한 것이다. 둘째 부분은 "……한 새로운 지능은"이란 말로, 셋째 부분은 "그것이 …… 도착하였을 때", 넷째는 "그는 그녀를 그러한 모습으로", 다섯째는 "그가 …… 말하고 있는 것을 내가 아는 까닭은" 하고 시작한다. 훨씬 복잡하게 세분되고 또 훨씬 섬세하게 상술될 수도 있을 것이다. 그러나 이 정도면 충족될 수 있기에, 나는 그 이상 분석하지 않으련다.

가장 넓은 궤도를 지닌 영역 너머로
내 마음에서 새어나오는 탄식은 지나가네.
사랑이 그것에 눈물겹게 부여한 한 새로운 지능은

---

113   아리스토텔레스를 지칭함.

그것을 그냥 위로 끌어올리네.

그것이 그가 갈망하는 곳에 도착했을 때,

그는 명예로운 대접을 받고 있는 한 숙녀를 보는데,

그녀는 그처럼 빛나고 있어, 그 밝은 기색에서

순례의 정신은 그녀를 식별할 수 있네.

그는 그녀를 그러한 모습으로 본 것이기 때문에, 그는 그것을

내게 보고할 때, 내가 이해하지 못하도록 그처럼 미묘하게

나의 애통하며 보채는 마음에게 말을 한다네.

그가 그 고귀한 숙녀에 관해 말하고 있는 것을 내가 아는 까닭은

내가 그것을 잘 이해하도록 베아트리체를

자주 언급하기 때문이네, 나의 친애하는 숙녀들이여.

XLII

내가 이 소네트를 쓰고 난 후, 한 경이로운 환영(幻影)이 내게 나타났는데, 나는 그 안에서 여러 사물들을 보았고, 그로 인해 내가 결심하게 된 것은, 내가 보다 가치 있는 방식으로 그녀를 논의할 수 있을 때까지, 그 지복한 숙녀에 대해 더 이상 말하지 않겠다는 것이었다. 그리고 나는, 그녀가 참으로 알고 있듯이, 그 목표에 도달하기 위하여 나의 최선의 노력을 기울이고 있다. 그러하기에, 모든 것의 생명을 관장하는 그

유일한 분이 내 생명이 몇 년 더 지속하도록 즐겨 허락하신다면, 나는 그녀—그 지복한 베아트리체—에 관해, 아직껏 어떤 여인에 대해서 한 번도 언급된 적이 없는 것을 말하기를 희망한다. 그녀는 "모든 시간을 통해 지복한 이,"[114] 그분의 용모를 영광 속에서 바라보고 있는 것이다.

---

114 이 구절은 원문에 라틴어로 적혀 있음. "qui est per omnia secula benedictus."

쟈코모 다 렌티니

(Giacomo da Lentini 활동 1200 - 1250)

이제, 어떻게 그리 큰 숙녀가 그렇게 작은 나의
눈들을 통해 들어올 수 있는가?[115]
또 어떻게 그녀는 내 마음속에, 내가 어디를 가든지
그녀를 데려가도록, 잘 들어맞을 수가 있는가?
그녀가 들어올 수 있는 통로는 보이지가 않아
나는 대단한 놀라움에 사로잡혀 있네.
하지만 나는 그녀를 한 양초에 또 내 눈들을
그것이 들어 있는 호롱불의 유리에 비유하고 싶네.
그 둘러싸인 화염은 그의 홍조(紅潮)를 그렇게
어떤 파손도 없이 밖으로 내보내네.
그렇게 내 눈을 통해 그 숙녀 자신이 아니라
그녀의 이미지가 내 마음에 전달되네.
내가 그러한 여인의 깃발을 안고 가면서부터
나는 사랑 속에서 도로 젊어지기를 원하네.

---

115 *The New Life/La Vita nuova*, Dante Alighieri. Edited and Translated by
Stanley Appelbaum, 98쪽. 원문 1행. "Or come pote sì gran donna entrare."

구이도 구이니첼리

(Guido Guinicelli 1210 - 1276)

나는 동녘이 트기 전에 나타나는
저 광채 나는 초승달을 보았네.[116]
그것은 사람의 모습을 하고 있었는데,
다른 별들 이상으로 빛나는 것 같네.
홍조(紅潮)를 띤 눈같이 흰 얼굴에,
즐겁고 사랑으로 가득찬 눈들은 빛나네.
그렇게 아름다움과 가치로 가득찬 여인이
이 세상에 또 있다고 생각하지 않네.
나는 그녀의 가치에 휩쓸려 그렇게
끊임없이 나오는 한숨을 억제하지 못해,
그녀가 있는 앞에서는 감히 입을 열지 못하네.
얼마나 나는 그녀가 나의 갈망을 알아주길 바라는가!
정녕, 나는, 입을 떼지 않고서, 내가 고통 받는 것에 대해
그녀가 느낄 법한 동정으로부터 나는 보상받을 것이리.

---

116 *The Penguin Book of Italian Verse*, Introduced and edited by George Kay
(Penguin Books, 1972), 53쪽. 원문 1행. "vedut' ho la lucente stella diana."

구이도 구이니첼리

사랑은 언제나 그 고결한[117] 마음속에 와 깃들이네,[118]
새들이 작은 숲의 녹음 속으로 찾아들듯 말이네.
그 고결한 마음 전에는, 자연의 설계에 따라,
사랑은 없었고, 또 사랑 전에 고결한 마음은 없었네.
정녕, 태양과 더불어 단박에
그렇게 빛은 즉시 솟아났네. 그것의 탄생은
태양의 탄생 전에는 없었네.
그리고 사랑은 고결함 속에 깃들어 있고,
그렇게 당연하게
명료한 빛도 화염의 작열 속에 있네.
사랑의 불길은 고귀한 마음속에 자리잡는바,
그것은 귀금속에 그 가치가 따르는 것과 같네.
태양이 그것을 고귀한 것으로 만들어 놓기 까지는,
별로부터는 그 가치가 주어지지 않네.
정녕 태양이 그의 힘으로 그 본체로부터 그 비열한 것을

---

117 원문에 'gentile 상냥한'으로 되어 있는데, 신시대의 문학운동인 '감미로운 새로운 문체'에서는 'nobile 고귀한'의 의미로 사용했다고 함.

118 *The Oxford Book of Italian Verse*, Chosen by St. John Lucas, (Oxford. Clarendon Press, 1910), 70쪽. 원문 1행. "Alcor gentil ripara sempre amore."

밖으로 내쳤을 때

별은 그것에 가치[119]를 부여하네.

마찬 가지로 자연에 의해 간지(奸智)가 없이,

순수하고 고결하게 만들어진 마음을 지닌

숙녀는 어느 별과 같이 사랑을 유발하네.

사랑은 그 고결한 마음속에서 마찬가지로

자신의 즐거움으로 예리하게 빛나고 청아(淸雅)하네,

그것은 흡사 램프 위의 불꽃같다 하겠고, 그 자존심에,

그것은 정녕 그 외의 다른 곳에서는 불타지 않네.

그러니 비뚤어진 인간이 사랑을 만난다는 것은, 흡사

물이 불을 만나는 것과 같고,

차가움이 뜨거움을 견디지 못함과 같네.

사랑은 동질(同質)의 마음을 통해

그의 신성한 행로를 추구하고, 이는 마치

금강석이 광산에서 철을 통해 광맥을 이어가는 것 같네.

태양은 하루 종일 그 진흙 위를 강타하네.

그것은 천한 채 남아 있고, 태양의 가치는 덜하지 않네.

"혈통에 따라 나는 고귀하지," 하고 그 거만한 사람은 말하네.

그는 개흙이고, 태양은 고결함이네.

어느 누구도 그 무엇이 고귀함의 이름을

지니도록 단정할 수 없는 것이니, 그건

왕의 영지에서도 안 되는 일이네.

물이 광선을 싣고 가듯,

---

119   예컨대, 금강석이 별빛같이 반짝이는 것.

미덕만이 고결한 마음을 보여주고,

하늘만이 별들과 광명을 보전하네.

우리의 눈에 태양 광선이 눈부신 것보다도 훨씬 더

찬란하게 창조주 신은 하늘의 이지(理智)속에 있네.

그 지은이에 경의를 표하는 뜻을 품은 하늘은

태초부터 그 안에서 훌륭히 지속하고

있는 만물을 충족시키고 있네.

그처럼 나의 숙녀는 그녀의 눈 속에 미화되어 있고

그녀의 마음이 간직하고 있는 그 진리를

그녀에게 봉사하기를 결코 중단하지 않는

그 고귀한 성품을 지닌 자에게 주어야 할 것이네.

나의 숙녀여, 신은 물을 것이네, "감히 네가 어떻게?"

(내 영혼이 그의 모든 행위를 심사 받으며 서 있는 때)

"너는 그 하늘을 거쳐 나의 면전에 와서, 이제 막

짐(朕)에게 유사품[120]을 통해 헛된 사랑을 호소하려 하느냐?

짐과 더불어, 모든 거짓을 사라지게 하는

그 모든 고결함의 여왕에게,

그 찬송은 속하는 것이니라."

그에게 나는 호소할 것이다. "그녀는 그대 왕국에서

왔을 법한 천사와 닮은 형상이었어요.

내가 그녀를 사랑할 수 있었다면, 그것은 내 잘못이 아니었어요."

---

120 원문에 'per sembianti 유사품을 통해'로 나와 있는데 그것은 라틴
어 'simulacrum 유사형상'을 연상시킴. 현대 프랑스 미학에서 핵심 개념인
'simulacre'를 연상시킴.

구이도 카발칸티(Guido Cavalcanti 1255—1300)

나는 나의 숙녀의 눈에서 한

사랑의 정령들이 담긴 빛을 보는바,[121]

그것은 내 마음에 새로운 기쁨을 가져오고,

그것은 나의 삶을 즐거움으로 일깨워주네.

내가 그녀와 함께 있을 때면, 내게 어떤 일이 벌어지지만,

나는 그것을 합리적으로 설명할 수 없다네.

그녀의 얼굴 표정에서 흘러나오는 모습이 어딘가

그처럼 아름다운 부인이기에 이 마음은

그녀를 헤아리지 못하고 있는데, 그러더니 곧바로

그녀로부터 또 다른 숭고한 미를 갖춘 숙녀가 튀어나오고,

또 다시 그녀로부터 한 별이 솟아나서는

말하고 있는 것 같네. "그대의 구원이 나타났도다."

이 아름다운 숙녀가 나타나는 곳에서,

그녀에 앞서 한 목소리가 들려오고,

그것은 그녀의 이름을 겸허하게 또 그처럼 감미롭게

노래하는 것 같아, 내가 그것을 보고하려고 시도하면,

나는 그것의 힘이 나를 떨게 함을 느낀다네.

---

121 *The New Life/La Vita nuova*, Dante Alighieri. Edited and Translated by
Stanley Appelbaum, 100쪽. 원문의 첫 행. "Vedut'ho la lucente stella diana."

그리고 한숨 소리들이 내 영혼을 휘저으며

말하는 것이네. "보아라, 만약 그대가 그녀를 바라본다면,

그대는 그녀의 미덕이 하늘로 올라간 것을 보게 될 것이다."

구이도 카발칸티

당신이 당신 속에 지니고 있는 것은 모든 꽃과

모든 초록이고 또 빛나고 보기에 아름다운 것이오.[122]

그대의 용모는 태양보다도 더 찬란하고,

당신을 보지 못하는 이는 결코 가치를 지니지 못하네.

이 세계에 그처럼 아름다움과 즐거움으로

가득찬 피조물은 없어라.

그리하여 당신의 미모(美貌)는 사랑을 두려워하는 이를

안심시켜주며 그의 마음속에 큰 욕망을 일으키네.

당신을 동반하는 숙녀들은 당신의 사랑스러운

눈길로 인해 나에게 무척 사랑스러워요.

나는 그들에게 청하노니, 그들이 정중한 예의를 갖추어,

어느 적임자가 당신에게 큰 영예를 돌리어

당신의 으뜸이 되는 신분을 사랑스럽게 만들지니,

이는 당신이 그 가장 훌륭한 숙녀이기 때문이네.

---

122 *The Penguin Book of Italian Verse*, 55쪽. 원문의 첫 행. "Avete 'n voi li fiori
e la verdura."

단테 알리기에리 (Dante Alighieri 1265—1321)

'나는 아름답고 새로운 한 젊은 처녀[123]이에요,[124]
내가 등지고 온 곳의 아름다움들을
다른 사람들에게 보여주기 위하여 왔어요.

'나는 천국에 있었죠, 그리고 그곳으로 다시 돌아가
나의 광채로 다른 이들에게 기쁨을 줄 거예요. 그리고
사랑에 빠지지 않고 나를 바라보는 사람은 그 누구이든지
사랑에 대한 이해를 결코 가질 수 없을 것이에요.
숙녀들이여, 나를 그대들의 동반자로 만들기를 원했던
그분[125]으로부터 자연(自然)이 나를 달라고 청했을 때
온갖 즐거운 면이 내게 주어졌지요.

'각 별은 내 눈에 자기의 빛과 정기(精氣)를
저마다 비처럼 쏟아 부어요.

---

123 원문의 'pargoletta'는 'pargolo 어린 소년'의 여성축소형으로 해학적 의미
가 있음. 베아트리체(1265~1290)의 짧은 삶을 연상시킴.

124 *The Penguin Book of Italian Verse*, 84쪽. 원문의 첫 행. "I' mi son pargoletta
bella e nova."

125 원문의 'Colui 그는'은 신(神)을 가리킴.

나의 모든 아름다움은 이 세계엔 새로운 것이죠,
왜냐하면 그것은 저 위로부터 내게 주어졌으니까요.
또한 그것은 식별하는 사람의 지혜가 아니고는
이해될 수가 없고, 그러한 인지(認知) 속에서만
사랑은 머물며 다른 이들에게 기쁨을 주는 것이죠.'

작품 해설

1. 소책자의 생성

단테의 소품《새로운 삶 La Vita Nuova》은 그가 지녔던 과거에 대한 아련한 추억이라기보다는 그의 미래에 대한 전망을 열어놓고 있고, 미학적(美學的)으로 아름다운 장식이 되기보다는 철학적 담론을 지향하고 있다. 원제목 'La Vita Nuova'에서 어떤 이들은 그 'nuova'란 단어는 '새롭다'는 뜻 외에 '젊다'라는 뜻도 있으니, 젊었던 시절의 추억으로 간주하는 것이 타당하지 않겠는가 하는 견해를 지니고 있다. 그런데 '젊다'에 대해서는 '젊은 giovane'이라는 단어가 있으니, 단테가 굳이 'nuova'란 단어를 선호한 것을 잘 설명하지 못한다. 제1장에서 시인은 '추억의 책'에서 '새로운 삶이 시작되는' 에피소드부터 '말들' 즉 그의 시적(詩的) 관찰을 옮겨 적고자 한다고 진술하고 있다. 그는 책의 마지막 장에서 영원한 숙녀 베아트리체의 품격에 걸맞는 언어를 발견할 때까지 더 이상 그녀에 대해 진술하지 않겠다고 다짐한다. 단테는 드디어 그의 대작(大作)《신곡 La Divina Commedia》에서 품격에 걸맞는 언어를 찾게 된다.

단테는 아홉 살 때에 거의 동갑내기인 베아트리체(Beatrice)를 만났다. 그 후 9년 후 오후 3시―교회법상의 시간으로는 9시―에 그녀를 길에서 다시 만났고, 그녀는 그에게 인사말까지 건넸다고 한다. 그 경험이 너무 황홀해서 그는 사람들로부터 벗어나 자기 방으로 들어가 혼자서 그 의미를 음미했다고 한다. 중세 기독교인인 시인은 삼위일체―성부, 성자, 성신 의 수비론(數秘論)을 믿었고 그의 문예작품 전반에 걸쳐 그러한 구조가 형성되어 있다. 또 베아트리체(Beatrice)라는 이름에는 'beatitudine 지복(至福)'을 가져오는 여인이라는 뜻이 함축되어 있다. 단테는 그녀를 통해 그의 생의 목표에 도달하고자 했던 것이다.

베아트리체로부터 인사를 받은 그 다음 날―제3장에서―일인칭 주인공은 잠깐 잠이 들었는데, 괴이한 경험을 하게 된다. 그의 면전에 '사랑의 신'이 나타나 자신을 주인공의 '지배자'라고 일컬으며 그의 팔 안에는 헐거운 헝겊조각 외에는 거의 걸친 게 없는, 거의 나체로 잠자고 있는 여인을 안고 있었는데, 그녀는 주인공에게 전날 인사를 건넨 숙녀였다. 또 그 사랑의 신이 불에 지지며 들고 있는 것은 주인공의 심장이라 하며, 그것을 흔들어 깨운 여인으로 하여금 먹도록 종용했고, 그녀는 조금 망설이는 듯하더니, 그것을 한 입 뜯어먹는다. 그러고 나서 한때 기뻐하던 사랑의 신은 눈물을 흘리며 슬퍼하더니, 숙녀와 더불어 하늘로 날아가버린다. 그리하여 괴이한 꿈에서 깬 주인공은 그 사연을 시(詩)로 적어 지인(知人)들에게 보내어 그 장면의 의미를 규명하기 위하여 자문(諮問)을 구한다. 객관적 입장에서, 그 장면의 의미는, 숙녀가 어떤 가식(假飾)도 걸치지 않고, 심장의 일부를 먹었다는 것은, 정신적이고도 감각적인 측면에서 주인공의 사랑을 수락하였다는 것이고, 마지막 장면은 숙녀의 타계(他界)가 임박했다는 것이다. 그후 우여곡절 끝에, '고귀한 숙녀'는 일인칭 주인공에게 더 이상 인사하기를 거부하고 끝내는 은행가 디 바르디(Di Bardi)에게 시집을 갔고, 그후 얼마 있다가 1290년에 타계하고 만다. 단테 또한 예정되어 있던 대로 결혼하였고, 그는 극심한 정체성의 혼란을 겪었다. 그래서 1287년에는 그 당시 유명한 볼로냐(Bologna) 대학에 가서 아마도 브루네토 라티니(Brunetto Latini 1220~94) 밑에서 수학(修學)하며 로마 고전, 신학, 철학 특히 보에티우스(Boëthius)와 토마스 아퀴나스(Thomas Aquinas 1225~74)에 몰두한 것으로 추측된다. 또한 그는 정치가의 길을 걷기 시작했고, 1289년에는 신성로마제국 황제를 지지하는 '기벨린 당 Gibellines'에 대항하는 '구엘프 당 Guelfs'에 속하며 피렌체 시를 수호하기 위해 전투에도 두어 번 참여했다. 또 다른 한편으로는, 《신곡》의 〈연옥편〉에서도 잘 드러나 있듯이, 단테는 그 당시 상당한 여성 편력이 있었던 것으로 추측된다. 여기에 해당되는 인용이 여럿 있지만, 사랑과 죽음을 연관 짓는 또는 성욕에 허덕이는 장면을 언급한 세 구절들을 인용해 보겠다.

"사랑의 미덕이 죽음으로 몰고 간다면."

"그 쾌락을 위해 죽음으로까지
나를 몰고 가는 그 괴로운 사랑."

"아이고, 저 뜨거운 협곡에서 내가 그녀를 향하듯.
왜 그녀는 나를 위해 그렇게 울부짖지 않나?"[126]

이러한 와중에서 단테는 인생의 목표를 올바로 설정할 필요를 느꼈던 것 같다. 그의 안목으로 베아트리체는 그를 껴안아 줄만한 관능적인 미와 더불어 그의 정신적 사랑을 수용할 수 있는 종합적인 힘과 그를 구원해 줄 수 있는 가능성을 지니고 있는 것으로 판단했다. 그리하여 지금까지 그가 어떻게 달려 왔고, 앞으로 어떤 진로를 취해야 할지를 심사숙고하며, 1293–94년에 걸쳐《새로운 삶》을 집필한 것으로 사료된다.

단테는 이 책에서 아리스토텔레스의 자연학에 바탕을 둔 토마스 아퀴나스의 '잠재력 potentiality'과 '실제성 actuality'의 개념을 베아트리체의 인격에 적용하고 있다. "그녀는 인간의 딸이 아니라, 신의 딸같이 보였도다."(2장) 베아트리체의 타계

---

126 Introduzione, Dante Alighieri, *Vita Nuova* (Italy. Latorre Editore, 2018), 11쪽 이후.

이후 많은 방황과 죄의 길에도 빠졌던 시인은 다시 그의 철학적 훈련을 통해 그녀에 대한 첫사랑과 그것의 과정이 그의 영혼구제의 가능성을 지니고 있다는 것을 통감하며, 그녀를 다시 보고 그녀의 눈에 깃들어 있는 '구원(救援, salute)'을 얻는 것이 그의 영혼이 추구(追求)하는 바(entelecheia)가 되어야 한다는 인식에 도달한 것이다. 그렇게 하기 위해서 그는 단순히 구애(求愛)를 목적으로 하는 음유시인들의 틀을 벗어나 새로운 표현방식을 모색하는 과정에서 그런 새로운 시적(詩的) 감각의 선례를 구이도 구이니첼리(Guido Guinizzelli)에서 찾는다. 특히 그의 칸초네 〈사랑은 언제나 그 고결한 마음속에 와 깃들이네〉는 단테가 이름붙인 '새로운 문체 stil novo'의 기본 텍스트가 되었고, 그런 정신에서 단테는《새로운 삶》20장에서 그의 소네트 〈사랑과 고귀한 마음은 하나이고 같은 것이네〉를 썼다. 여기서 지금까지 언급된 것이 단테의 시적 지론(持論)인데 그것을 독자들에게 잘 납득시키기 위해 시들과 시들의 배경을 설명하는 산문으로 소책자를 구성했다. 그러한 산문과 시의 합성은 일찍이 6세기 초엽에 보에티우스가《철학의 위안 Consolatio Philosophiae》에서 선보인 형식이었다. 단테는 보에티우스가 6세기 초에 활동했던, 삼각지대 즉 피렌체에서 북쪽으로 볼로냐(Bologna)와 또 그 위로 베로나(Verona)가 있고, 피렌체의 북동쪽으로 라벤나(Ravenna)가 있는 바로 그 지역에서 거의 평생을 살았다. 단테가 보에티우스로부터 받은 영향은 단지 형식면에서 끝나지 않고, 보에티우스의 핵심개념인 '철학의 여신 또는 여인 Philosophia'을 작품 여기저기에서 암시하고 있다. 그녀는 그의 철학서인 《향연 Convivio》에서 본격적으로 등장하고 있다.

우리가 전체를 개관해 볼 때, 단테의 《새로운 삶》은 베아트리체와의 재회를 준비하는 과정이고 그러한 순례길의 진로(進路 vector)로서 간주되어야 할 것이다.

2. 단테와 베아트리체

단테는 대작(大作) 《신곡》에서 '고귀한 숙녀' 베아트리체를 다시 만나기 위하여 지옥에서 연옥(煉獄)을 거쳐 천국으로 가는 순례 여행의 경험을 서술한다. 그가 존경하던 로마 시인 베르길리우스(Vergilius)의 안내를 받아 지옥을 경험하고 연옥으로 들어가는 길목에 서 있는데, 그곳의 장면을 다음과 같이 기술(記述)한다.

모든 이들은 말하고 있었다. "오시는 이는 축복받을 지어다!"[127]
그들은 위에서 또 빙 둘러서 꽃들을 흩뿌리며 외쳤다.
"듬뿍 쥔 손들에서 백합들을 흩뿌려라!"[128]

---

127 라틴어 원문. "Benedictus qui venis!" 여기서 왕림(枉臨)하는 이가 남성으로 되어 있기 때문에 독자(讀者)는 자연히 예수의 왕림을 연상하게 됨.

128 이 구절도 라틴어 원문임. "Mannibus, oh, date lilia plenis!" 그런데 이것은 성경이 아니고 베르길리우스의 서사시 《아이네아스》에서 인용된 것임. 그 전체 인

그리고 베아트리체가 나타난다.

나는 과거에 새벽이 되면 동녘 하늘이

온통 분홍빛으로, 그 나머지 하늘은 정녕

아름다운 푸른빛으로 장식되는 것을 보았네.

반면 해의 얼굴은 구름 뒤에서 솟아올라,

증기가 그 힘을 누그러트리고 있었기에,

내 눈은 그것을 한참 동안 견딜 수 있었어라.

그와 마찬가지로 천사들의 손들로부터

아래로, 안으로, 또 밖으로 떨어지고 있는

꽃들의 구름 가운데서부터, 흰 베일 위에

감람나무 가지들로 장식하고, 그녀의 초록빛 외투 밑으로는

불꽃같이 붉은빛의 치마를 두르고[129]

한 숙녀가 내 앞에 나타났다.

그리고 나의 정기(精氣)는─벌써 오랫동안

그녀 앞에서 덜덜 떨며

무감각해지는 경험이 없었기에,

─ 이제는 그녀로부터 발산되는

어떤 숨은 힘에 감동되어 그것이

용문.《신곡》의 〈연옥편〉XXX 19─21.

129   베아트리체는 이미 《새로운 삶》에서도 지금과 같은, 미덕들을 상징하는 색
채들을 지닌 의상(衣裳)을 착용했는데, 베일은 흰색으로 '믿음'을, 외투의 초록빛
은 '희망'을, 치마의 붉은빛은 '사랑'을 각각 상징하고 있음.

전에 지녔던 그 큰 사랑의 힘을 느꼈다.[130]

시인은 베아트리체가 있는 앞에서는 그녀를 정면으로 보기에 앞서 언제나 떨곤 하였다. 그러한 장면이 이미《새로운 삶》에 다음과 같이 기술(記述)되어 있다.

> 바로 그 순간, 확실히, 심장의 가장 깊은 밀실에 거(居)하는 그 발랄한 정신이 그처럼 강력히 떨기 시작하더니, 내 혈관들의 아주 미미한 고동(鼓動) 속에서도 어처구니없을 정도로 분명히, 그것은 떨면서 실토(實吐)하였다.[131]

명백히 단테는 그동안 지은 죄를 의식하며 베아트리체의 면전(面前)을 더욱더 감당하기가 어려워, 그는 베르길리우스에게 의지하려고 주위를 둘러보았으나, 그는 이미 단테에게 지옥을 안내하고 연옥 입구까지 데려다주는 임무를 끝내고는 이미 사라진 후였다. 망연자실해 있는 단테를 향해 베아트리체는 자신이 정말 베아트리체라며[132] 자신의 정체를 밝힌 후, 무슨 용기로 그 높은 곳까지 감히 올 수 있었는지, 또 그가 지은 죄들을 의식하고 있는지를 물었다. 주변에 있던 천사들이

---

130 전체 인용문.〈연옥편〉 XXX 22―39.

131 《새로운 삶》2장 4. 이와 관련하여 같은 책 14장 4―6, 24장 1 참조.

132 《신곡》의〈연옥편〉 30장 73. "잘 보게, 나는 정말, 정말 베아트리체이네."

단테에게 연민의 정을 느끼며 베아트리체에게 관용을 호소한
다. 베아트리체는 큰 업적을 달성할 것으로 기대되는 단테를
올바른 길로 인도하기 위해 어떻게 등대 역할을 해왔는지를
그들에게 다음과 같이 말한다.

한동안 나는 그를 나의 얼굴로 지탱하였네.

그에게 나의 소녀다운 눈들을 반짝이며

올바른 방향을 향해 그를 나와 함께 이끌었네.

내가 젊은 부인의 단계에 도달하며

이승에서 저승으로 자리를 옮겼을 때,

이 사람은 나에게서 떨어져나가 다른 여인에게 몸을 바쳤네.

내가 육신(肉身)에서 벗어나 정신으로 올라서서

나의 아름다움과 미덕이 배가(倍加)하였을 때,

나는 그에게 덜 사랑스럽고 덜 즐겁게 되어버렸네.

그는 참되지 못한 길로 그의 발길을 돌렸고,

행복의 거짓된 영상(影像)들을 뒤쫓아 갔지만,

그것들은 그것들의 약속들을 결코 지키는 법이 없다네.

또한 그에게 꿈들로 나타나고 또 다른 방법으로도 그에게

영감을 주는 힘이 내게 주어졌지만, 내게는 아무런 효험이 없었지,

내가 그의 마음을 돌려보려고도 했지만, 쇠귀에 경 읽기였어!

그는 그처럼 전락하여 그를 구제할

방법들은 거의 바닥이 나서, 남은 것은 그에게

그 저주받은 자들을 보여주는 길밖에는 없었지.

그렇게 하기 위해, 나는 사자(死者)들의 문턱을 찾아갔고,

그를 이 위까지 인도해 준 이에게

내 눈물어린 청원을 했던 것이네.[133]

이제 단테는 뜨거운 눈물을 흘리며 용서받기 위하여 참회를 하게 된다. 그 격한 감정으로 목구멍에서 나올까 말까 하는 목소리로 다음과 같이 고백한다.

흐느껴 울며 나는 말했다. '거짓 쾌락으로 눈앞에

아른거렸던 것들은, 그대의 용모가 자취를 감추자

얼마 안 되어, 나의 발길을 타락으로 이끌었네.[134]

이 말을 듣고 베아트리체는 그에게, 최후의 심판 때 모든 것이 다 드러날 것이니 참회와 더 큰 유혹 사이에서 더 이상 방황하지 말라고 말하며, 다음과 같이 반박한다.

눈물 짜기는 이제 그만하고 귀담아 듣게.

그러니까 그대가 듣게 될 것은 어떻게 나의 묻힌 육신이

그대를 어느 반대방향으로 이끌 수 있었어야 하는 것이네.

내가 지니고 있었던 그 아름다운 사지(四肢)들만치,

— 지금은 땅속에 흩어져 있지만,—그 어떤 예술이나 자연도

---

133 〈연옥편〉 30장 121—141.

134 같은 책, 31장 34—36.

그처럼 큰 기쁨을 불러일으키지는 못했네.

그리고 만약 그 지고(至高)한 쾌락이, 나의 죽음으로 인해,

그대를 사로잡지 못했다면, 어떤 필멸(必滅)의 인물이

그대를 자기에 대한 욕망 속으로 끌어들였어야 했단 말인가?[135]

단테가 베아트리체의 말을 들으면서 수치심에 젖어 계속 머리를 숙이고 있으니까, 그녀는 그에게 '수염 난 턱'을 위로 쳐들라고 권유한다. 그는 그 말에 성인이 된 그의 처지에 대한 그녀의 질책이 담겨 있는 것을 자각하며, 힘들게 고개를 쳐들고 그녀를 바라본다.

그리고, 아직도 미심쩍어 하면서도, 내 눈들은

베아트리체를 보았는데, 그녀는 두 천성(天性)을

한 몸에 지니고 있는 괴수[136] 쪽으로 향해 있었다.

그녀의 베일 밑, 저 초록빛 강변 너머에서, 그녀는 전의 자신보다도 더 지상에 있었을 때의 그 누구보다도 더 아름답게 보였다.

그때 그 참회의 가시가 내 마음을 그처럼 찔러서

그 무엇보다도 나를 애욕의 노예로 만들었던

---

135 같은 책, 31장 49—54.

136 인성(人性)과 신성(神性)의 양면을 갖추고 있는 존재로서 그리스도를 암시함.

그 여인이 나의 최대의 적(敵)이 되었다.[137]

그러니까 이것은 베아트리체 사후(死後) 10여년이 지난 이제 그녀를 다시 보기를 고대해 왔던 그의 꿈이 달성되는 순간이었다. 이 참회의 의식(儀式)에 이어 그는 레테(Lete) 강가에서 순결한 마텔다(Matelda)에 의해 정화(淨化) 의식을 받고 나서, 이제는 더 이상 죄책감이 없이 베아트리체를 바라보게 된다.

화염보다도 더 뜨거운 천(千)의 동경(憧憬)들이

아직도 그 그리핀[138] 괴수를 꾸준히 응시하고 있던

저 빛나는 눈들에 내 눈들을 고착시켰다.[139]

단테는 이제 베아트리체에서 관능적 아름다움과 미덕이 결부된 바, 그의 지성적 사랑의 이상형(理想型)을 발견하였고, 그 안에서 그가 구원(救援)될 수 있는 가능성을 확인하였던 것이다.

그는《새로운 삶》의 마지막 장에서 그가 베아트리체의 품격에 어울리는 말들을 발견할 때까지 그녀에 대한 언급을 더

---

137 같은 책, 31장 79—90.

138 원문 'grifone'는 영어로 'Griffin'이라 하고 독수리의 머리와 날개에 사자 몸을 한 괴수로 숨은 보물을 지켰다고 함.

139 같은 책, 31장 116—118.

이상 하지 않겠다고 다짐했다. 그런 이후 10여년이 지나서 그의 대작 《신곡》을 완성하였는데, 그것의 초석(礎石)이 된 것이 《새로운 삶》이었고, '새로운 삶'의 연장선상에서 그 대작의 구상(構想)이 진척되었음이 여기서 잘 드러난다고 할 수 있겠다.

단테 알리기에리 연보

1265   단테 알리기에리(Dante Alighieri)는 피렌체(Firenze)에서 태어남. 베아트리체 포르 티나리(Beatrice Portinari)도 몇 달 늦게 같은 도시에서 태어난 것으로 추정됨.

1266   도시 국가 피렌체에서 제이 공화국의 수립과 더불어 대표제 민주주의가 회복됨.

1270—73   단테의 모친 돈나 가브리엘라(Donna Gabriella)의 사망.

1283?   부친 알리기에로(Aligihiero)의 사망.

1285?   단테는 젬마 도나티(Gemma Donati)와 결혼. 그녀와 1277년에 이미 약혼을 하였음.

1285—87?   은행가 폴코 포르따나리(Folco Portinari)의 딸 베아트리체는 또 다른 은행가인 시모네 데이 바르디(Simone dei Bardi)와 결혼함.

1289   단테는 기벨린 당(Ghibellines)과 대적하여 캄팔디노(Campaldino) 전투에 참가 함.

1290   베아트리체의 타계. 단테는 철학 연구에 돌입하고, 향후 10년간 '돌 같은 시들 Rime petrose'을 씀.

1293—94   그 전에 써 놓았던 시들을 근거로 《새로운 삶 La Vita Nuova》을 작성하고 구이도 카발칸티(Guido Cavalcanti)에게 헌정함.

1294   보니파치오(Bonifacio) 8세가 교황으로 선출됨.

1301   이 해 가을, 단테는 피렌체 시의회를 대표하는 외교 사절의 일원으로 로마에 왔으나, 교황 보니파치오 8세에 의해, 어떤 합당한 근거에서, 수도에 억류 되고, 다른 두 위원들은 피렌체에 귀환함.

1302	기벨린 당파(Ghibelines)와 구엘프 당파(Guelfs)는 유럽의 두 주요 정치 세력이었음. 피렌체에서 구엘프들이 정권을 장악했는데, 그들은 백색 구엘프와 흑색 구엘프로 갈려 있었고, 단테는 백색 구엘프에 속해 있었던바, 그 당시 피렌체를 점령하여 장악하고 있었던 흑색 구엘프에 의해 화형에 의한 사형의 언도를 받았고, 또 모든 그의 재산은 압수되고 그는 유배길에 오름.
1307	언어에 대한 논문《지방어 수사법 De vulgari eloquencia》과 철학 주석서《향연 Convivio》집필.
1314—15	단테는 베로나(Verona) 궁정의 보호 아래《신곡 La Divina Commedia》의 〈지옥편 Inferno〉과 〈연옥편 Purgatorio〉을 완성함.
1315	사면(赦免)을 불명예스럽다고 거절함. 그의 사형 언도는 아들들에게 연좌됨.
1317?	황제에 대한 변론《군주론 Monarchia》을 완성함.
1318	라벤나(Ravenna)의 구이다 노벨라(Guida Novella)의 궁정으로 이사함.
1319—20	볼로냐(Bologna) 시(市)의 계관시인(桂冠詩人) 임명을 거절함.
1321	베네치아로의 외교적 사명을 띤 여행을 마치고 돌아와서 9월에 라벤나에서 사망함. 캉그란데(Cangrande)에게 바쳐진 〈천상 편 Paradiso〉이 유저(遺著)로 공개됨.

참고 문헌

The Divine Comedy/La Divina Commedia by Dante Alighieri. Translated by Henry Wadsworth Longfellow. Benediction Classics, Oxford 2012.

The New Life/La Vita Nuova. Dante Alighieri. Edited and Translated by Stanley Appelbaum. USA Dover Publications, Inc. 2006.

Dante. *Vita Nuova*. A New translation by Mark Musa. Oxford World's Classics 1992.

The Oxford Book of Italian Verse, 13th Century—19th Century. Chosen by St. John Lucas. Oxford. the Clarendon Press 1910.

The Penguin Book of Italian Verse. Introduced and Edited by George R. Kay. 연대 미상.

Joseph Anglade. *Les Troubadours. Leurs vies, leurs oeuvres, leur influence*. Paris 1992.